「生活保護なめんな」ジャンパー事件から考える

生活保護問題対策全国会議［編］

尾藤廣喜　小久保哲郎　田川英信　藤藪貴治　渡辺 潤
橋本真希子　西田真季子　稲葉 剛　雨宮処凛　吉永 純　著
（掲載順）

絶望から生まれつつある希望

あけび書房

はじめに

「生活保護なめんな」ジャンパー事件をどう見るか

尾藤　廣喜

> **筆者略歴**　1970年、厚生省入省。1975年、京都弁護士会登録。多くの生活保護裁判、社会保障裁判、公害・薬害裁判に取り組んできた。現在、日弁連・貧困問題対策本部副本部長、生活保護問題対策全国会議代表幹事。『生活保護「改革」ここが焦点だ！』（2011年、あけび書房）他。

「生活保護なめんな」ジャンパー事件とヤミの北九州方式*1

　2017年1月17日付の読売新聞の報道をきっかけとして、小田原市の生活保護担当部署の職員が「保護なめんな」「不正を罰する」などと、保護利用者を威圧するような言葉がプリントされたジャンパーを着て、保護利用世帯を訪問していたという事件が表面化しました。

　この事件を聞いて、最初に私の頭に浮かんだことは、2005年から2007年にかけて3年連続4件の餓死・自殺事件を引き起こした「ヤミの北九州方式」と呼ばれる生活保護利用者へ違法な対応の根底にあった「思想」との共通性でした。悲惨な餓死・自殺事件を引き起こした北九州市の事件と「保護なめんな」ジャンパーを着て保護利用世帯を訪問していたという今回の事件とを結びつけるのは、いささか牽強付会にすぎるのではないかと思われるかもしれません。

　「ヤミの北九州方式」は、①保護の利用申請を窓口で受け付けない「水際作戦」*2、②保護の利用を受け付けた後には、「稼働能力の活用」を異常に強調

し、保護の利用開始の直後から厳しく「働け、働けとの指導（就労指導）」をおこない、就労の効果が出ないときは、保護の廃止をにおわせて「辞退届」を書かせる「硫黄島作戦」＊3、③保護費の支出について、年間予算の枠を設定し、保護の利用開始者の数から保護の利用廃止者の数を引いた「開廃差」を管理するなどの数々の組織的・構造的な「棄民」政策からなっていました。

　その根本にあるのは、第1に生活保護申請、利用を当事者の「権利」として認めず、生活保護の利用は、行政が管理し、市民に与えてやるものであるという考え方です。そして、ジャンパー事件での「保護なめんな」という言葉も、生活保護制度の利用者の保護請求権が憲法25条、生活保護法1条、2条に基づく権利であるということを全く無視しているという点では共通しています。

　この点については、ジャンパー着用問題だけでなく、その後、小田原市のホームページの生活保護に関する記載内容を調べてみた結果から見ても、同じ問題があることが明らかになりました（本書2章参照）。

　また、「不正を罰する」という言葉、ジャンパーの背面に英語で書かれた、「我々は正義だ」「不当な利益を得るために我々をだまそうとするならば、あえて言おう。クズである」などの文章は、あたかも保護利用者全体を「不正受給者」であるかのごとく疑ってかかる姿勢から出発しているとも言えます。

　そして、第2に、「ヤミの北九州方式」の根本には、保護費の削減あるいは予算の枠内で制度管理することこそが最も重要であるとの姿勢が露骨に表れておりました。ジャンパー事件の場合には、これが、「不正受給」防止という目的に変えられたものの、やはり、生存権の保障よりも財政対策に重点が置かれていたという状況に変わりはありません。

　さらに、第3に、「ヤミの北九州方式」の根底には、生活保護で最も重要な政策の1つであるとされているケースワークの充実、あるいは、「当事者に寄り添う支援」を実現するという視点は全くありませんでした。ジャンパー事件の場合でも、もっぱら「不正受給」の摘発という視点だけで当事者に対応していたと推測され、高齢、障がい、疾病やひとり親などのさまざまなハンディを抱えている多くの生活保護申請者、利用者への「寄り添う支援」という視点は、全く無視されていました。

　そのうえ、第4に、「ヤミの北九州方式」の根底には、保護制度の利用者を呼

び捨てにし、あるいは「あいつら」などと呼ぶなど、利用者の蔑視ないし劣等処遇を当然とする意識がありました。これに対して、ジャンパー事件の場合は、もっぱら「不正受給」の摘発という視点だけで当事者に対応しており、そこには、生活保護制度の利用者が権利の主体として尊重されなければならないという視点はありません。さらに、利用者の権利として、利用者が生活保護を利用していることを「周りに知られない権利」＝プライバシーの権利がありますが、ケースワーカーが、おそろいの「保護なめんな」ジャンパーを着て、保護利用世帯を訪問していたということであれば、プライバシーがまさに侵害されていることになります。

　このように、「ヤミの北九州方式」の根底にある考え方と「保護なめんな」ジャンパー事件とは、構造的に同質な問題点があると考えられたのです。

さらに深刻な「生活保護バッシング」の影響

　しかも、2005年から2007年にかけて3年連続4件の餓死・自殺事件があった「ヤミの北九州方式」の違法な対応に比べて、ある面それ以上に深刻な影響を「保護なめんな」ジャンパー事件に及ぼしているのは、いわゆる「生活保護バッシング」です。

　2012年5月に、法的に何ら問題がなく、不正受給でも何でもなかったにもかかわらず、突然に始まった「お笑いタレント」の母親の扶養問題と「生活保護バッシング」*4や、その後、2013年4月に施行された兵庫県小野市の「福祉給付制度適正化条例」での全ての福祉的給付金受給者に対する給付金の使用目的についての監視、さらには、大分県別府市の生活保護利用者のパチンコ店利用に伴う保護の停止問題など、制度として生活保護をバッシングしたり、生活保護への嫌悪感、偏見を助長するような動きは、この間極めて強くなっていました。このため、社会一般のみならず、制度の運用に直接携わるケースワーカーにおいても、生活保護制度利用者に対する偏見やスティグマ（負の烙印）によって、正しいケースワークのあり方、さらには、「不正受給」とはそもそも何なのかという評価自体がいびつになっていることが懸念されていました。

また、報道されたように、「保護なめんな」ジャンパーが作られる契機になった事件は、はたして、「不正受給」の事件だったのでしょうか。さらに、当時のケース処理は本当に正しかったのでしょうか。私たちは、この点についても非常に大きな疑問を持ちました。
　また、今回の「ジャンパー事件」は、小田原市だけに起きた特別な事件であって、他の自治体においては、同様のことは全くなかったのでしょうか。この点についても大きな疑問がありました。

公開質問状の提出とこれに対する市の対応

　そこで、私たちは、2017年1月20日、小田原市長宛に「生活保護行政に関する公開質問状」を提出し、回答を求めました。その内容は、まず、①今回のジャンパー作成・着用の何が具体的に問題なのかについて具体的に指摘し、②これが小田原市の組織的・構造的な問題であること、さらに、③かつて小田原市のホームページの「生活保護制度について」に数々の違法な記載がなされていたこと（ただし、問題発覚後、一部は是正されていました）、④小田原市の謝罪や当事者への注意は批判の鎮静化を図るためのポーズに過ぎないのではないかとの疑念があること、などを挙げました。
　そして、「要望及び質問事項」として、①ジャンパーを作成・着用することになった経過、②10年もの長期間にわたり、問題が是正されることなく続いてきた理由、③ジャンパー問題以外に保護行政の歪みはなかったのかなどについて、「検証委員会」を設置するなどして、徹底した検証をおこない、組織的・構造的問題を根本的に改善することを求めました。また、事件の背景を理解し、小田原市において、生活保護利用者の憲法上の権利を実現するために何が必要かをともに考えるためのデータの開示を求めました。
　これに対する小田原市の対応についての詳細は、1章に記載するとおりですが、まさに「迅速で誠実な」対応であったと評価できます。
　注目すべきは、私たちが提案した「検証委員会」の設置について、「保護行政のあり方検討会」（以下「検討会」といいます）の設置を決定したうえ、委員として

元ケースワーカーで現在弁護士として生活保護利用者の権利実現に務めている森川清弁護士、さらには、元生活保護利用者の和久井みちるさんを加えたことです。また、検討会は、わずか1か月という短期間に集中的に検討を加え、2017年4月6日に市長への報告書をまとめました。

　その内容は、1章の末尾にあるとおりですが、先に私が挙げました小田原市の生活保護運用の問題点のほぼ全てに触れて、その具体的な解決策を提案しており、高く評価できるものになっています。ここで指摘された視点で今後福祉行政が取り組まれ、実践されれば、まさに、「保護なめんな」ジャンパー事件というまことに絶望的で不幸な事件の中から、新しい希望の芽を見出すことができることでしょう。

　そして、小田原市長は、早速にその提案内容を実行に移そうとしています。

権利を実質化するために

　権利には、①実体的給付請求権、②手続的権利、③自己貫徹のための権利の3つの側面があると言われています*5。

　このうち、①の実体的給付請求権とは、法の定める要件をみたす場合に法の定める内容の給付を受ける権利を言うとされています。また、②の手続的権利とは、申請から、資格要件確認のための調査を経て受給権の有無・内容の決定・給付の実施に至る、給付請求権実現のための一連の手続過程が本来の権利保障の目的にふさわしく進められることを要求する権利であるとされ、③の自己貫徹のための権利とは、①と②の権利が貫徹されるために、これらの権利が侵害され、あるいはこの権利の実現に不服がある場合に、その救済を求めて異議申立て、審査請求、さらには訴訟を提起できる権利であり、これには、行政に参加する権利、さらには、団結権、団体交渉権も含んでいると解されています。日本おいては、①の実体的給付請求権に比べて、②の手続的権利や③の自己貫徹のための権利は、その重要性が軽視されることがかつては多かったと言われてきました。

　しかし、社会保障給付については、給付の内容、受給資格さらにはその手続

き自体が複雑であり、これらの内容が広く市民に知らされることが少なかったり、申請の過程で人格を傷つけられたり、あるいは、権利行使を違法、不当に拒否されたりした時に不服申立てや裁判を提起できなかったりすれば、本来給付が受けられるべきものが受けられないことになりかねず、権利はまさに「画に描いた餅」となることは明らかです。

ですから、グローバルな視点で見ますと、この②の手続的権利や③の自己貫徹のための権利を十分に保障するために、各国ではさまざまな努力を重ねてきました。

国際連合は、既に1952年の「各国の公的扶助行政に関する報告」において、この手続的権利について指摘し、「手続が人間的に、公平、公明に、敬意ある態度で、人格の尊厳を尊重するように、冷静に、迅速かつ効果的にすすめられるように要求する権利であり、これらの手続きが保護申請者にとって破壊的でなく、建設的な意味を持つものでなければならない」と述べています。

2007年11月、私は、日本弁護士連合会の調査団の一員として社会保障の先進国と言われるスウェーデンを訪問したことがあります。その際、スウェーデンの中部にあるエステルスンド市（人口約5万人）を訪れましたが、同市では、社会サービス法による生計援助（日本の生活保護のこと）の保障にあたって、市民が電話などで援助申請の手続きを問い合わせると、直ちに担当者が自宅に援助申請書を郵送してくれるとのことでした。そして、申請に必要な書類を揃えて窓口に行けば、平均して7日間程度で援助が認められるとのことでした。また、アルコール依存、薬物依存などで働けない人、難民として移住してきた人など、特別な困難を抱えている人については、同市が独自に採用している「結果教育法」が有効であるとして、実践されていました。これは、人間には誰もが可能性があり、それを自己選択していくものであるべきとして、「信頼と尊敬」に基礎をおく「支援プログラム」を中心としてケースワークを実践しているとのことでした。

また、スウェーデン以外の国でも、国や自治体が、社会保障制度を利用しやすくするためにさまざまな工夫をしています。ドイツでは、働ける年齢層が社会扶助（日本の生活保護のこと）をより利用しやすくするために「扶助」という言葉を使わず、2005年から、「求職者のための基礎保障（失業手当Ⅱ）」という呼称

を採用しています。また、ドイツの社会法典第1編13条以下には、行政にさまざまな社会保障制度についての助言教示義務や広報義務があることが明文化されています。さらに、韓国では、ドイツと同様に制度をより利用しやすくするために、「生活保護法」という名前ではなく、公的扶助制度について、1999年から権利性をより強くした「国民基礎生活保障法」を制定しています。さらに、2014年12月には、社会保障給付の利用・提供を図り、積極的に受給権者を発見するために保障機関に課せられる広報義務、対象者発見時の通報義務などを定めた法律も制定されています。

　このような動きは、海外だけではなく、日本においても先進的な自治体では、既に見られています。

　滋賀県野州市では、2016年（平成28年）10月、「くらし支えあい条例」が施行されました。この条例には、「（市の）組織及び機能の全てを挙げて、生活困窮者の発見に努める」「市は、生活困窮者等を発見したときは、その者の生活上の諸課題の解決及び生活再建を図るため、その者又は他の者からの相談に応じ、これらの者に対し、必要な情報の提供、助言その他の支援を行うものとする」との内容が含まれています。つまりこの条例は、行政の積極的な周知徹底、助言教示義務、さらには、情報提供義務＝市民の手続的権利の確立を制度の根幹においたものとなっているのです。

　エンゲル係数で高名なエルンスト・エンゲルは、「本当の国力とは、国民生活の福祉水準にある」と言っています。

　残念ながら、日本では諸外国の動きとは全く反対に「生活保護バッシング」「弱者たたき」などが横行する状況にあり、「保護なめんな」ジャンパー事件は、決して小田原市だけの問題で終わるものではありません。

　本書の各章で示される事件の経過、そして、示された教訓と提案を、この国の社会保障のあり方を考え、検討し、実行していく新たな「はじまり」と位置づけ、「小田原から出発した希望のモデル」をみんなで作り出すために、是非とも本書を活用していただきたいと思います。

＊1　「ヤミの北九州方式」については、藤藪貴治・尾藤廣喜著『生活保護「ヤミの北九州方式」を糾す』（2007年、あけび書房）に詳しい。また、本書3章を参照。
＊2　福祉事務所の窓口において、さまざまな理由をあげて保護申請を受け付けない取り扱いを言ったもの。保護の申請を、武力の行使や伝染病などに例え、窓口という「水際」で受け付けずに、追い返すところからこのように呼ばれている。
＊3　一旦は保護の利用開始を認めながら、その後、さまざまな「指導指示」、特に、「何日までに、就労するように努力せよ」という「就労指導」をなして、就労できない場合には、「保護の辞退届」を書かせて保護を廃止するというもの。太平洋戦争での硫黄島の攻防で、日本の陸軍が採用した「水際で撃退することを避けて、内陸部に米軍をおびき出して、内陸で各個撃破する」という作戦からこのように呼ばれている。
＊4　「お笑いタレントの母親の扶養問題」が、不正受給ではないことの詳細については、生活保護問題対策全国会議HP　http://seikatuhogotaisaku.blog.fc2.com/blog-entry-36.html を参照されたい。
＊5　小川政亮著『権利としての社会保障』（1964年、勁草書房）125頁以下。

もくじ

はじめに

「生活保護なめんな」ジャンパー事件をどう見るか

尾藤　廣喜

「生活保護なめんな」ジャンパー事件とヤミの北九州方式　*1*
さらに深刻な「生活保護バッシング」の影響　*3*
公開質問状の提出とこれに対する市の対応　*4*
権利を実質化するために　*5*

1章

絶望から生まれつつある希望

ジャンパー事件の背景、その後の経緯、そして改善への課題

小久保哲郎

1 はじめに　*13*
　今回のジャンパー作成・着用の何が問題か
　全国に共通する組織的構造的な問題

2 小田原市の迅速な対応　*15*
　検討会の設置と元当事者の登用
　「生活保護利用者」という表現を採用

3 今回の事件に向き合う小田原市の基本姿勢　*17*
　「弱者バッシング」が喝采される社会で
　「声なき声に耳を澄ます」
　首長の見識

4 小田原市の生活保護行政の問題点　*20*
　　　ジャンパー作成の契機となった事件への対応の問題点
　　　職員体制の問題
　　　保護の実施・運用上の問題点

5 これからが本番　*42*

[収録] 小田原市「生活保護行政のあり方検討会報告書」　*45*

2章

改善された小田原市『生活保護のしおり』

以前のホームページやしおりの問題点と今後の改善のために

田川　英信

はじめに　*64*
ホームページや『生活保護のしおり』はなぜ重要か　*65*
問題があった小田原市のホームページ　*65*
小田原市だけの問題ではない　*66*
『生活保護のしおり』の重要性と小田原市の問題点　*67*
抜本的に改善された『生活保護のしおり』　*67*
できればさらに『生活保護のしおり』の改善を　*71*
自治体の本来の役割・仕事は　*75*
自治体は改善のために何をしなければならないのか　*76*
監査の主眼点を変えることも必要　*78*
厚労省も姿勢を改めるべき　*79*
おわりに　*80*

[収録] 小田原市『生活保護のしおり』改訂版　*82*

3章

対談　生活保護行政の現場から考える

「見えないジャンパー」問題を解決するために

渡辺　潤／藤藪貴治

- 10年前の間違った対応　*90*
- ジャンパー問題の根っこは何か　*92*
- 差別や偏見は小田原市だけの問題ではない　*94*
- 「不正受給」をどうとらえるか　*96*
- 根っこにある「貧困の自己責任」論　*98*
- ケースワークは「ともに命を輝かせる仕事」　*100*
- 人間観やスキルを身に付けることが大切　*102*
- 福祉専門職としてのケースワーカーを　*104*
- 経験が蓄積できる人事政策を　*105*
- ケースワーカーに求められる「人間性」　*107*
- 国の貧困な生活保護政策が元凶　*109*
- 利用者の声を聴き、取り入れることの大切さ　*110*
- 小田原市の「成果」を全国に　*111*

寄稿

◆ **寄稿1**　橋本真希子

小田原市生活保護問題について感じたこと、考えたこと　*114*
　　この報道に接したとき戦慄しました
　　ケースワーカーの働きやすい職場に

◆ **寄稿2**　西田真季子

背景にある生活保護バッシング　*118*
　　感じられないケースワーカーのやりがい
　　保護利用者への偏見

◆ 寄稿3　稲葉　剛

「住まいは人権」が欠如した小田原市生活保護行政の問題点　122
　　　傷害事件に至る対応の問題点
　　　賃貸トラブルに対するケースワーカーの対応
　　　居宅保護の原則が守られていない

◆ 寄稿4　雨宮　処凛

変わり始めた小田原市　127
　　　小田原市に申し入れに行ったときのこと
　　　優れた野洲市の事例

あとがきに代えて

小田原市「生活保護行政のあり方検討会報告書」を片手に、利用者と「ともに命を輝かす」ケースワーカーに

吉永　純

1　福祉川柳事件　133
2　小田原市事件についての報告書　135
3　両事件の検討からの学び　137
　おわりに　140

1章 絶望から生まれつつある希望

ジャンパー事件の背景、その後の経緯、そして改善への課題

小久保 哲郎

> **筆者略歴** 1995年、大阪弁護士会登録。野宿生活者や生活保護利用者の法律相談や裁判に取り組んできた。現在、日弁連・貧困問題対策本部事務局次長、生活保護問題対策全国会議事務局長。編著に『Q&A生活保護利用者をめぐる法律相談』(2014年、新日本法規)他。

1 はじめに

　2017年1月17日付の読売新聞記事を皮切りに、小田原市の生活保護担当部署の職員が「保護なめんな」「不正を罰する」などの文言をプリントしたジャンパーを着て各世帯を訪問していたことがマスメディアを賑わしました。ジャンパーの背面には、「生活・保護・悪撲滅・チーム」を意味するという「SHAT」という文字が大きくプリントされ、「我々は正義だ」「不当な利益を得るために我々をだまそうとするならば、あえて言おう。クズである」などの文章が英語で書かれていました。ほどなくして、同部署では、「SHAT」というロゴをあしらったポロシャツ、フリース、マグカップ、マウスパッド、携帯ストラップ、ボールペンなどまで作成されていたことが判明しました。

今回のジャンパー作成・着用の何が問題か

　もちろん不正受給は許されるべきものではありません。しかし、不正受給の割合は、金額ベース（不正受給額÷保護費全体）では0.5％程度、件数ベース（不正受給件数÷保護受給世帯数）では2％程度で推移しており、全体から見ればごく稀な現象です。しかも、後に④（32頁）でも述べるとおり、その中には、「悪意」とは言い難い少額の申告漏れなど、「不正受給」と位置付けること自体に疑問のあるものが相当数含まれていると言われています。ほとんどの生活保護利用者は適正に保護を利用しているにもかかわらず、このようなジャンパーを着て日常業務にあたるということは、すべての生活保護利用者に対し、不正をし、職員を騙しているかもしれないと疑い、敵視し、威嚇する姿勢で対峙するものと言わざるを得ません。

　生活保護利用者のほとんどは、高齢、障害、傷病、ひとり親などのハンディを抱えています。本来、福祉事務所のケースワーカー（以下、「ＣＷ」と表記します）には、そのハンディや困難に寄り添った福祉的な支援が求められていますが、ジャンパーの記載内容は、そうした姿勢とはおよそかけ離れています。

　生活保護制度は、憲法25条が保障する生存権を具体化したものであり、生活保護を利用することは「権利」です。しかし、残念ながら、今の日本社会では、生活保護制度とその利用者に対する偏見には根強いものがあります。特に、2012年春以降、人気お笑いタレントの母親が生活保護を利用していたことを契機とする「生活保護バッシング」報道の影響で、「生活保護利用は恥」という言説が広く流布されました。そのため、利用者の多くは、生活保護の利用を周りに知られたくないという思いを強く持っています。

　役所の制服を着たり、役所の名称が入った車や自転車に乗ったりして家庭訪問をすることは、その世帯が生活保護を利用していることを近隣に知らしめる可能性があるので、一般の福祉事務所では厳禁されています。上記のような揃いのジャンパーを着て家庭訪問をするなど、あまりにも配慮を欠いており、論外と言わざるを得ません。

全国に共通する組織的構造的な問題

　ジャンパーは10年前に作られ、これまでに64人が購入し、現職33人のうち28人が持っていたといいます。10年の長きにわたって、誰からも問題が指摘されることなく脈々と引き継がれてきて、現在も職員のほとんどが所有していることからすると、これは一部の職員の問題行動ではなく、小田原市の保護担当部署が抱える組織的構造の問題です。

　そして、実はそれは、全国の福祉事務所に共通する問題でもあります。今回の小田原市のケースは、あまりにも露骨に形に表し、しかも、作成物の内容があまりにも幼稚でセンスがなかったのでワイドショー的なネタとして話題になりました。しかし、福祉的専門性の欠如と生活保護利用者に対する差別意識が全国の福祉事務所に蔓延していることは生活保護問題に取り組む私たちの間では常識となっています。小田原市のように露骨に目に見える形には表していなくとも、いわば「見えないジャンパー」を着て業務にあたっているＣＷは全国どこにでもいるのです。

　そこで、生活保護問題対策全国会議（以下、「当会議」という）では、2017年1月20日、小田原市長に宛てて「生活保護行政に関する公開質問状」（当会議ホームページご参照）を発し、学識経験者、支援者、生活保護利用当事者などによる検証委員会を設置するなどして、問題の経緯や背景について徹底した検証をおこない、上記の組織的構造的問題を根本的に改善することを求めました。

2 小田原市の迅速な対応

検討会の設置と元当事者の登用

　これに対する小田原市の対応は、異例といってよいほどに迅速かつ誠実でした。

加藤憲一小田原市長は、1月20日には、「生活保護における不適切な行為についてのお詫び」を発表し、今回の行為が許されるものではないという立場を明確にしました。
　同市は、2月末までに私たちの質問事項に対しても、すべて真摯にかなり詳細な回答をしてくれました（回答内容の詳細は当会議ホームページに掲載していますので是非ご参照ください）。
　そして、「生活保護行政のあり方検討会」（以下、「検討会」）の設置を決めるだけでなく、委員として、生活保護利用者の権利擁護に取り組んできた元ＣＷの森川清弁護士と、元生活保護利用者で当会議幹事でもある和久井みちる氏を登用したのです。特に、「元」であれ生活保護利用当事者を委員として登用したことは、それ自体が画期的なことです。
　そして、検討会では、2月28日の第1回から3月25日までの第4回までのわずか1か月という短期間の集中的な議論で報告書（本章末尾に全文掲載）が取りまとめられ、同年4月6日、市長に報告書が提出されました。
　検討会の座長は、「分かち合い社会」を提唱する財政学者である井手英策慶應大学教授。委員には、先に述べた二人のほか、元釧路市ＣＷの櫛部武俊氏、一橋大学大学院教授の猪飼周平氏といった今回のテーマにふさわしい経験と知識を持った学識経験者が選任されました。井手座長は、検討会の冒頭、「この検討会には普通だったら行政が絶対に嫌がるような、絶対に入れたくないようなメンバーがたくさん入っており、このメンバーの人選それ自体に小田原市の本気度を感じる」と述べましたが（第1回検討会議事録3頁。以下、「①3p」のように表記します）、まさにそのとおりだと思います。
　当初、1か月の検討で報告書を取りまとめるという話を聞いた時には、拙速に流れてしまうのではないかとの危惧も少し持ちました。しかし、蓋を開けてみれば、どの委員も真摯に忌憚のない意見を述べて充実した議論がおこなわれ、むしろスピード感をもって迅速に抜本改革の方向性が示されることになりました。
　また、検討会の運営にあたっても、同市は、要望を取り入れて希望者全員が傍聴できるよう最善の配慮を払いました。検討会開催後速やかに配布資料をホームページにアップし、議事録についても比較的速やかに全面公開しました。

このような検討会運営方法の透明性の高さも、素晴らしいものでした。

「生活保護利用者」という表現を採用

　そして、取りまとめられた報告書は、元当事者である和久井氏の意見を受け入れて、おそらく自治体が責任を持つ文書としては初めて「生活保護利用者」という表現を採用しました。
　その内容面でも、後に詳しく見ていきますが、問題点の指摘や、具体的な改善策の提言では、触れるべきと考えられる点がほぼ網羅的に言及されています。
　このように、今般の検討作業は、あらゆる面において、良い意味で異例であり、短期間で充実した報告書を取りまとめた検討会委員と、これを事務的に支えた小田原市職員の方々に対しては、心から敬意を表したいと思います。
　当会議は、検討会報告書が公表されたのと同じ4月6日、このような趣旨の声明を公表しましたが、当会議が、こんなに行政を褒める声明を出したのもまた初めてのことです。

3 今回の事件に向き合う小田原市の基本姿勢

「弱者バッシング」が喝采される社会で

　今回の事件について小田原市に寄せられた声の中には、市の対応を批判するものと同じくらい、市の対応を擁護するものがあったようです。そうすると、市の対応としては、後者の声に乗っかって、職員らの行為を正当化し開き直るという方向性もあり得たと思います。実際、昨今は、「弱者バッシング」が蔓延する風潮に便乗する首長や自治体も少なくありません。
　例えば、兵庫県小野市では、2013年3月、「福祉給付金適正化条例」なるものが市長の主導で制定されました。これは、生活保護だけでなく、児童扶養手当その他のすべての福祉給付金受給者に対し、給付金を「パチンコ、競輪、競馬

その他の遊戯、遊興、賭博等に費消」してはならないとの義務を課し、その常習者を発見した一般市民に対し、通報を求めるという極めて乱暴なものでした*1。

また、大分県別府市では、遊技場に行くのは慎むとする「誓約書」を生活保護開始時に徴取し、パチンコ店などの巡回調査で発見した生活保護利用者9人の生活保護を1～2か月停止する処分がなされました*2。さすがにこの処分には問題があるとして、2016年2月、県から是正指導が入り、処分は取り消されたといいます。

しかし、いずれの市に対しても、批判だけでなく、擁護、喝采する声も相当数寄せられたと報じられています。こうした「弱者バッシング」が「人気取り」として機能するのもまた、悲しい現実です。

小田原市でも、1月17日に開かれた謝罪会見においては、同市の福祉健康部長が、「受給者に差別意識を持っている職員はいません。そう断言したい」と発言し、他の幹部も、不人気な生活保護職場の中でみんな頑張っていることを訴えたかったと職員を擁護する姿勢に終始しました。これでは、何が問題なのか、その本質を理解しておらず、謝罪は批判の鎮静化を図るためのポーズに過ぎないとの疑念を抱かざるを得ないことから、私たちは、先に紹介した公開質問状でその旨批判しました。

「声なき声に耳を澄ます」

しかし、加藤憲一市長は、そうした安易な開き直りの方向性を明確に否定しました。先にも述べた1月20日の「お詫び」コメントで次のように述べたのです（第1回検討会資料2-1。以下、「①資2-1」のように表記します）。
「（今回の行為は）市民のいのちや暮らしを守るべき市職員として配慮を欠いた不適切な行為であり、許されるものではありません」
「このたびの件の問題は、不正受給の可能性があたかもすべての保護受給者にあるかのような認識をもたれる不適切な表現が記されたジャンパーを製作し、（略）生活保護制度を利用する権利を抑制することにつながるのではないかという当たり前の感覚が欠如していたと言わざるを得ません」

加藤市長は、第1回検討会の冒頭あいさつでも、同様の指摘をしたうえで、「生活支援の現場に携わる職員だけの問題とせず、組織全体として、市民一人ひとりに寄り添う職務を遂行するための意識付けを行う」「このたびの件を、小田原市全体が「いのちを大切にする小田原」であるということをしっかりと外部に発信し、私たちの胸にも刻みつけていく、強力なモメンタムにしていかなければなりません」と力強く述べています（①2p）。

　そして、検討会は、その第一の目的を「生活保護利用者の権利を守ること」としたうえで、職員らの行為を「愚かな行為」と位置づけて議論を重ねました（検討会報告書1頁）。検討会報告書（2頁）では、「今回の犠牲者は、不正をまったく行っていないにもかかわらず、長期間にわたってジャンパーを着た職員の訪問を受け、屈辱的な思いをした生活保護利用者だった。彼らの声なき声に耳を澄ますこと。市職員の行為を安易に正当化しないこと。これが検討会の基本的な理解であり、議論の出発点である」と「検討にあたっての基本的考え方」を明確にしています。これは井手座長が、検討会の冒頭あいさつで述べたことでもあります（①2p）。

首長の見識

　こうした基本姿勢は当然のことではあります。しかし、先に述べたとおり、「弱者バッシング」の風潮に便乗する首長や自治体も少なくないなか、自治体として、首長として、あるべき見識を示したものであり、大変貴重な意味があると思います。

　生活保護利用者が不当に取り扱われることが長年にわたって放置されている自治体は、いつ福祉利用者になるかもしれない一般の市民にとっても暮らしにくい自治体のはずです。加藤市長が、「「いのちを大切にする小田原」への強力なモメンタムにしていく」と語ったのは、今回のジャンパー問題の本質をとらまえ、長い目で見てすべての市民のためになる福祉行政改革の決意を示したものと受け取ることができます。

4 小田原市の生活保護行政の問題点

　ここまで見てきたとおり、問題発覚後の小田原市の対応は、迅速かつ誠実でした。しかし、同時に当会議への回答文書や検討会で公開された資料からは、同市の生活保護行政が抱える深刻な問題点が浮かび上がってきました。
　以下、小田原市の生活保護行政が抱える問題点を具体的に見ていきますが、その多くは、小田原市だけでなく、全国の生活保護行政に共通する問題点でもあります。

ジャンパー作成の契機となった事件への対応の問題点

① 福祉事務所の対応が犯罪を誘発する

　同市によると2007年に元生活保護利用者から職員が刃物で切り付けられる傷害事件が起きたことから、職員の連帯感と団結心を高めるためにジャンパーが作成されたといいます。
　これだけを聞くと、元生活保護利用者が一方的に悪く、職員らは完全に被害者であるようにも見えます。もちろん、犯罪は許されるものではありません。しかし、生活保護の利用をめぐる犯罪では、福祉事務所職員の対応に問題があり、適正な対応がされていれば犯罪が起きるのを防げたケースも少なくありません。
　例えば、2006年1月7日、JR下関駅に放火し全焼させたとして逮捕された知的障害のある男性（74歳）は、刑務所から出てきて訪れた北九州市の福祉事務所で「住所がないとダメ」と生活保護の申請を断られ、下関行きの片道切符を渡されたため、「刑務所に戻りたい」と思い、火をつけたといいます。
　また、2006年2月、京都市伏見区の河川敷で認知症の母親（当時86歳）の首を絞めて殺害したとして承諾殺人の罪で逮捕された長男（当時54歳）は、3度にわたって生活保護の相談に行ったのに「あなたはまだ働ける」と追い返されていました。執行猶予判決の言い渡し時に、裁判長が「裁かれているのは日本の介護制度や行政だ」と異例の説示をしたこの事件は、当時、「地裁が泣いた」と週

刊誌やワイドショーでも報じられました。

　こうしたことから、私たちは、きっかけとなった傷害事件の話を聞いた時、なぜ傷害事件が起きたのか、生活保護が打ち切られた経過に問題がなかったのかに関心を抱いていました。そして、検討会で詳細な事実経緯が明らかとなると、やはり、福祉事務所側の対応に大きな問題があることが判明したのです。

② **傷害事件の内容（小田原市が公表した概要の要約）**（①資2－3）

　担当ＣＷの印象では粗暴な様子は伺えなかったが、平成18年度末頃、当事者が居住するアパートを管理する不動産業者から大家親族への暴力的行為を理由に平成19年6月15日の契約更新はしないとの連絡を受けた。

　居宅を失うと生活保護の適用も難しくなることから、無料低額宿泊所など新たな居住地の確保について助言をした。当事者が乗り気になったことから、担当ＣＷは、アパートの契約更新期限である平成19年6月15日、福祉事務所で無料低額宿泊所との面接を設定した。

　平成19年6月14日、当事者より電話が入り、引っ越しの片づけができない、面倒だと言って無料低額宿泊所へ入居する気がなくなり面接を断ってきたので、何とかなだめようとしたが暴言を吐いて電話を切ってしまった。

　平成19年6月15日、当事者は来所しなかった。それ以降、来所した7月5日まで当事者の所在はわからなかったが、後に聞いたところでは、路上生活をしていたとのことであった。平成19年6月26日、同月15日以降音信不通となり、アパートの契約更新もおこなわれず、居宅を喪失して所在不明となったため保護の要否が判断できなくなったとして、同月16日付で保護廃止決定をおこなった。

　平成19年7月5日14時過ぎ、当事者が突然来所し、保護費が口座に振り込まれていないのはどういうことかと聞いてきたため、保護廃止となった経緯、理由を説明したが納得がいかない様子で次第に声を荒げ、隠し持っていたカッターナイフで職員1名の左脇腹を切り付けるなどした。

③ **借地借家法などに関する無理解**

　こうした経過を見て、弁護士である私がまず抱く疑問は、ＣＷはなぜ、家主

側の契約更新拒絶が正当であるという前提で行動しているのか、という点です。

本来、家主側が、賃貸借契約の更新を拒絶するには借地借家法28条が定める「正当事由」が必要です。「正当事由」の有無は、双方が建物の使用を必要とする事情などさまざまな事情を総合考慮して判断されますが、賃借人の生活の基盤を奪うことにつながるので、そう簡単に認められるものではありません。従って、家主側がどうしても出て行ってもらいたいと考える場合には、相当額の立退き料を支払って「正当事由」を補完しなければなりません。

また、賃貸借契約を解約するには当事者間の信頼関係を破壊するにたる債務不履行が必要です。賃料の不払いが何か月も続くとか、著しい用法違反などがない限り、これも簡単には認められません。仮に契約解除事由があっても当然に契約終了となるわけでなく、家主側は、解除事由を特定して内容証明郵便などで契約解除の意思表示をおこなわなければなりません。

管理会社から間接的に聞いたという「大家親族への暴力的行為」は、本当にあったものなのか、またその具体的内容自体も不明です。それだけでは「正当事由」を認める事情にも、契約解除事由にもならなさそうです。私たち弁護士が当事者の代理人として介入すれば、「「正当事由」が存在しないので、契約は当然に更新されます」という書面で通知するだけで住み続けることができた可能性が高かったと思います。あるいは、家主と交渉して転居などに必要な立退料の支払いを受けることができたかもしれません。

いずれにせよ、CWが、一方的に大家側の言い分を正当として今後の処遇方針を決め、それを当事者に押し付けた点に決定的な誤りがあったと言わざるを得ません。上記の知識を前提に当事者の側に立って、家主側と折衝してあげることも考えられますし、少なくとも、弁護士会や日本司法支援センター（法テラス）などを利用して法律相談を受けるよう助言すべきでした。法律扶助制度を利用すれば、法テラスから弁護士費用を立て替え払いしてもらえますし、生活保護利用者は、その償還が猶予・免除されますので、本人の負担なしで弁護士に代理人を委任することもできます。

④ 生活保護の実施要領に関する無理解と無料低額宿泊所との「共依存」関係

上記のとおり、家主側と適切に交渉すれば、元の家に住み続けられる可能性

が高かったと思われますが、仮に、借地借家法上の「正当事由」が認められるなど、立退きの必要性がある場合でも、安易に無料低額宿泊所を紹介しているのが次に問題です。

　生活保護法30条1項が居宅保護の原則を定めていることからしても、福祉事務所としては、できる限り地域での居宅生活を維持する方向で、「家主が相当の理由をもって立退きを要求し…やむを得ず転居する場合」（実施要領課長通知問第7の30）として、新住居への転居費用を支給するのが本来あるべき支援です。

　居宅生活を維持する方向で支援せず、安易に無料低額宿泊所への入所を勧めたこと自体が不適切だったわけです。その背景には、後述するとおり、小田原市では、ホームレス状態にある人に対して施設（無料低額宿泊所）保護しかしない違法運用が常態化し、福祉事務所と無料低額宿泊所が「共依存」関係に陥っていたことがあると思います。

　小田原市が公表した事実経緯では、当事者が無料低額宿泊所への入所にいったん乗り気になったということですが、本当でしょうか。私もそうですが、誰でも施設での集団生活よりもアパートで暮らすほうがいいに決まっています。「乗り気になった」というのは、生活保護利用者にとって生殺与奪の権力を握っているCWから勧められて断ることができなかったと見るのが自然です。

　また、2007年6月15日から連絡が取れなくなったからといって、同年6月26日に保護廃止としたというのも、その法的根拠が不明であり違法であると言わざるを得ません。「居住実態不明」「行方不明」という扱いだったのかもしれませんが、実際、廃止直後の7月5日に当事者が役所に来ていることからしても、わずか10日ばかりでそのような判断をするのは不適切です。最悪、7月5日に役所に来たときに、「行方不明」ではなかったことがはっきりしたわけですから、その段階で保護廃止決定を取り消して保護を再開すべきでしょう。

⑤ 原因は福祉事務所側の違法または不適切な対応の積み重ね

　以上の知識を前提にこの事件を振り返ってみると、どうでしょうか？

　借地借家法上の「正当事由」がなかったとすれば、当事者は今の家に住み続ける権利があったのに、CWは一方的に家主の肩をもって違法な追い出しに加担したことになります。仮に今の家を出るほかなかったとしても、転居費用を

支給して別のアパートで暮らせるようにすべきだったのに、CWは、無料低額宿泊所に入所させようとしました。施設との面接日に来なかったからといって、わずか10日余りで生活保護を打ち切りました。

しかも、その間、当事者が野宿していたということは、自宅をロックアウトされていたのでしょうか。仮にそうだとすると、ロックアウトなどの自力救済行為は許されていませんから、当事者は家主の違法行為によって野宿生活まで余儀なくされたことになります。保護打ち切りの理由は「居住実態不明」だったと思われますが、その状況はCWの不適切な対応が招いたものです。そして、7月に入って通帳に保護費が入っていないので当事者が役所に行ってみると、既に生活保護を打ち切ったと伝えられます。

踏んだり蹴ったりの展開で、今後の生活のめどを全く失った当事者の不安はいかほどだったでしょうか。しかも、生活保護の再開やその他の支援の方策を示さずに、追い返されようとしたのであれば、当事者が、将来を絶望、悲観し、激高したのは当然だと私は思います。

繰り返しますが、カッターナイフで切り付けてケガをさせる行為を擁護するつもりは全くありません。しかし、今回の問題を検証するにあたっては、問題のジャンパーを作成するきっかけとなった事件そのものの原因が、福祉事務所側の違法または不適切な対応の積み重ねにあったということをしっかりと押さえておくことが重要です。仮にCWが、借地借家法、生活保護法、保護の実施要領などの基礎知識を持ち、当初から適切な対応をしていれば、傷害事件が起きることはなかったでしょう。

⑥ 検討会での検討と報告書の記載

検討会においても、弁護士である森川清委員が、「誰の側に立って仕事しているのかということ。大家と本人がトラブルになっている事案で、大家の側に立っているに近い状況で新たな居住地の確保に向かっているのが、そもそもケースワーカーとしてどうなのか」「当時どの程度法テラスの利用について思いが至ったのか。弁護士に簡易援助という書面を書いてもらう対応で、法定更新が成立しているという内容証明を書くこともある」(②3p)、「大家さんから出て行ってくださいと言われた場合、間に弁護士が入ると大半は合意更新になるか、

立退き料を受け取るかという話になる。福祉事務所が敷金を出さずに立退料を本人が権利としてもらって、あるいは権利として法定更新で住み続けてということもあるので、正確な知識を持っていれば福祉事務所にも本人にもよい対応ができる」(③13p)と指摘しています。

こうした指摘をふまえて、検討会報告書(3頁)でも、次のように述べられています。

「契約の更新拒絶には「正当事由」がいる。転居を要するときには転居費用を支給できるし、住所不定者に居宅保護ができないわけでもない。当時の保護係にこうした知識、制度の理解があれば、必ずしも保護の廃止決定には至らなかった可能性がある。つまり事件を防ぐこともできたかもしれない」

⑦ 改善策

このように、ジャンパー作成のきっかけとなった事件への対応からは、小田原市のCWらが、生活保護法やその実施要領、さらには借地借家法などの関連法令に関する基礎的知識を欠いており、それが不幸な事件の発生を招いたことが浮かび上がります。生活保護法、実施要領、関連法令に関する弁護士などの専門家による研修と相談支援体制の構築が必要です。

この点は、検討会報告書(10頁)でも、「改善策①」の「援助の専門性を高める研修」などの最初に「外部の専門家による生活保護制度や法的支援の研修」を掲げ、「学識経験者や法律家を含め専門の講師を招く機会を増やす。法的支援では、社会的弱者を保護する法制度の利用へのゲートキーパーの役割をしていくことが重要となる」と指摘されています。

また、「改善策②」の「利用者の視点に立った生活保護業務の見直し」の中で、「専門機関(法テラスや弁護士会)との連携」を挙げ、「利用者の支援方針や援助的な対処について自信が持てないケースなどは、法的支援のアドバイスをくれる専門的な第三者機関(法テラスや神奈川県弁護士会等)との連携が有効である」と指摘されています。

職員体制の問題

　生活保護担当ＣＷの職員体制について、全国平均と小田原市の状況を対比すると以下のとおりです（2012年9月1日厚生労働省社会・援護局総務課調べ。山本太郎参議院議員事務所提供）。

	CW充足率	資格取得率			経験年数			
		社会福祉主事	社会福祉士	精神保健福祉士	1年未満	1年以上3年未満	3年以上5年未満	5年以上
全　国	90.7%	77.7%	10.9%	1.5%	25.1%	42.5%	17.1%	15.2%
小田原市	80.0%	100.0%	0.0%	0.0%	25.0%	40.0%	20.0%	15.0%

① ＣＷ充足率・担当世帯数

　2012（平成24）年度のＣＷ充足率は、小田原市（80％）は全国平均（90.7％）より低く、ＣＷ１人あたりの担当世帯数も2015年度までは100を超えることも多かったこと（最多は2009年度の110）からすると、近年まで小田原市の生活保護部署は、全国的に見てもやや人手不足・業務過多の傾向にあったものと言えます。

　しかし、その後、ＣＷが若干増員され、2016（平成28）年度の充足率は89.7％に、１人あたりの担当世帯数は90.1にそれぞれ改善しています（①資4・2、9p）。同年度の１人あたり担当世帯数の全国平均が89.4であることからすれば、小田原市が特に人手不足・業務過多であるとは言えません。

　しかし、社会福祉法16条が求める標準数がＣＷ１人あたり80世帯であることからすれば、小田原市も全国も、ともに今なお、人手不足・業務過多の状況にあります。

② 資格取得率

　2012（平成24）年度の社会福祉士、精神保健福祉士などの福祉専門職資格取得率は全国的にも高くはありませんが、小田原市のそれが０％というのは特徴的です。2016年度に至るも、小田原市の精神保健福祉士、臨床心理士資格者は皆

無であり、社会福祉士資格者は、査察指導員(SV)で4名中1名です。CWでは2014年度までは25名中2名(8%)と資格取得率は相変わらず高いとは言えません(①資4・7、8p)。

しかし、全国平均でも社会福祉士資格取得率が10.9%にとどまることからすれば、福祉専門職としての専門性の欠如は小田原市だけの問題ではありません。

③ 経験年数

検討会で、CW経験者でもある森川委員は、「ケースワーカーの仕事は、最初に事実認定があり、そこで疾病や障がいの専門的な理解が一定程度必要。処分をする、決定をするためには生活保護制度の理解は当然であり、ほかのサービスの知識や経験を持っていなければならない」(①6p)、「ケースワーカーは5年でやっていくのは大変な仕事。私は8年間ケースワーカーをやって、やっと一人前になったなと感じている」(①8p)と指摘しています。

しかし、2012(平成24)年度の平成経験年数は、前頁の表のとおり、小田原市では3年未満が65%を超えており、全国では3年未満が67.6%に及んでいます。全国的に生活保護のCWは、森川委員のいう「一人前になる」前に異動していることになります。

一方、小田原市のCWの平均在職年数は、2年前後で推移していますが(①資4・7、8p)、現職を除くCWの平均在職年数は4.22年、特別な事情で1年で異動した職員を除くと5.07年ということからすると(②資3・4p)、十分とは言えなくても結果的には相応の期間在職しているとも言えます。

このことは、経験年数だけが長くてもあまり意味がなく、福祉的専門性や熱意を持つ者が相当期間経験を積んで初めて意味があることを示唆しています。

④ 検討会での検討と改善策

検討会報告書(12頁)は、「ケースワーカーの標準配置数の充足と専門職の拡充」を打ち出し、「社会福祉法に規定する標準数を充足するよう職員を配置する」と明記しました。また、「社会福祉士、精神保健福祉士などの有資格者の採用や適正配置とともに、職員のキャリアアップなどを考慮した人事異動を行う」としています。

詳細は、本書3章の対談をご参照いただければと思いますが、報告書も指摘するとおり、社会福祉士などの有資格者の専門職採用を推進することがまずは重要です。それと併せて、有資格者の経験職採用も有益だと思います。病院の医療ソーシャルワーカーや障がい者事業所などでの実務経験を積んだ有資格者を優先採用するのです。私の経験でも、「このCWは（いい意味で）ちょっと違うな」と思うと経験職採用だったということが最近増えています。

ただ、専門職採用を進める自治体でも、任期付き公務員などの非正規雇用で、不安定かつ低賃金の処遇である場合が少なくないようです。数年で任期が来たら「さようなら」となったり、有能な人ほど、より給与待遇のよい職場を求めて転職していくようでは、専門性と経験の蓄積という趣旨を全く満たさず、何をやっているのかわかりません。最初から正規雇用で採用するか、非正規雇用であっても、専門性に見合った給与・待遇を保障し、正規雇用化の道を開いておくべきです。報告書のいう「キャリアアップなどを考慮した人事異動」というのは、そのような意味だと理解できます。

〈番外〉女性職員の少なさ＝「性悪説」の目線

小田原市の生活保護担当部署では、2007（平成19）年度から2013（平成25）年度までの7年間、女性職員はゼロか1人で推移していました。その後少しずつ増えたとはいえ、2016（平成28）年度でも34人中女性は5人（14.7％）しかいません。同年度の小田原市の全職員1131人中、女性職員が404人（35.7％）であることに照らせば、生活保護担当部署の女性職員の比率の小ささは異常です（①資4・9p）。これに対し、2016（平成28）年12月末現在での小田原市全体の被保護人員2973人のうち女性は1490人（50.1％）いることからすると（③1p）、女性の生活保護利用者のほとんどを男性CWが担当し、家庭訪問などをしていたことがうかがえます。

この点は、検討会でもかなり議論されました。元生活保護利用当事者である和久井委員は、自身がDV被害を受けて生活保護を受けた時には地域担当ではない女性のCWをつける配慮をしてもらった経験を紹介しつつ、「（小田原市の）保護世帯の女性側からは苦情や意見の言いようもなかったと思う」と指摘しました（③5p）。「なぜ女性職員が少ないのか」という委員からの追及を受け、職

員課長は、「過去から男性割合が多かったのは、推測だが、ハードな業務、場合によっては怖い思いをすることがあるので、危険を回避したという可能性は否めない」と率直に実情を吐露しました（③6p）。これを受けて、釧路市で福祉事務所改革を実践してきた櫛部委員は、釧路市も立派なことは言えず、かつては「大変だ、怖いから」という理由で男職場だったことを明かし、「ある役所で、本当は担当者を殺しに来たが、対応した女性が優しかったので火炎瓶を投げるにとどめた男がいた」というエピソードを紹介し、「どういった対応をするかがすごく大事」と小田原市にエールを送りました（③7p）。

こうしたやり取りを受けて、井手座長は、「受給者なり相談に来られる方に対する小田原市役所の眼差しが感じられる気がする。悪い人が来る、怖い人が来る、だから男性でなければならない。根底にそういう問題がある気がする」と述べ（③8p）、検討会報告書（13頁）でも、「女性職員の少なさは、職場が危険な場所であるという職員の意識の反映であり、それは性悪説が根っこにある」と指摘しました。

このように性悪説に立ち、窓口に来る人たちを敵視し、威圧すべき対象と見るのは、問題の多い自治体の特色のように思います。

関西のある問題の多い自治体では、他部署では普通の格好をしていた若い男性が、福祉事務所に配転になると、髪を染めたり、パーマを当てたり、ヒゲを伸ばしたり、マチ金風のスーツを着こなすようになるという、笑えない話を聞いたこともあります。上司から「当事者にナメられないような格好をしろ」と指導されているということでしょうか。市民を威圧する風体になることをむしろ推奨する福祉職場が存在するのはとても奇異なことです。

検討会報告書（9～10頁）が、「改善策の基本的考え方」で、「ケースワーカーの専門性や知識の不足、性悪説に立った態度を改善しなければケースワーカーは加害者になっていく」と指摘しているのは、極めて大切な視点だと思います。生活保護の窓口で、専門性の欠如したＣＷが性悪説に立った対応をとる時、北九州市、桑名市、札幌市で見られたように、時として当事者を実際に死に至らしめてしまいます。ＣＷを「殺人」の加害者にしないためにも、小田原市をはじめとする全国の自治体が、その実施体制のあり方を真摯に見直すことが求められています。

保護の実施・運用上の問題点

（1）当事者に向き合う姿勢と「自立」のとらえ方

①「自立」概念の狭さとゴールのすり替え

　検討会では、猪飼委員が、「①「自立」という概念が狭く現実的なゴールになっていない。②不正受給について熱を上げている感じがする」と指摘しました。「根本的な問題は「自立」概念の狭さではないか」と、「自立」を「就労自立」（働いて生活保護を受けなくなること）に限定して狭く理解しすぎているとしたうえで、「目標が達成しにくいとやりがいが得られにくいので、その不全感を団結心だとか不正受給の摘発で補っていく。「自立」というゴールになかなかたどり着けないので、ゴールじゃないもの（「不正受給の摘発」：筆者注）をゴールに見立てているのではないか」と指摘しました。そして、「「自立」という概念を広げ、中間的就労のような、ゴールを多段階化して、色々な支援のゴールが人によってあることを前提として、きめ細かく支援していく。そういう方向性を取り入れていくことにより、職場の雰囲気、手ごたえが変わってくるのではないか」と改善の方向性を示しました（③9p、③資4－2）。

　また、猪飼委員は、「従来は、仕事をさせるために、履歴書を書かせたり、ハローワークに行かないと保護を切るぞとやったりしていた。ただ、そういうやり方で本当に自立が達成できるのか、支援の枠組みでは非常に疑問視されている」「今の生活困窮者への対応の考え方は、その人がなぜ働くという意欲を持てないでいるのかに分け入っていく。簡単なプロセスではない。本人への寄り添いや伴走を必要としている」「実は、生活保護の外側の福祉制度は、事実上みなこの方向で動こうとしている。生活保護の領域だけが少し特殊」と言い、小田原市だけでなく生活保護制度全体で、「寄り添いや伴走に目を向けることが手薄になってきた」とも指摘しました（③17p）。

　この指摘は、実務感覚としても非常に納得できます。役所の職員と接していると、障がいや高齢分野の職員は、基本的に皆、当事者に対して援助的で寄り添う姿勢なのに、生活保護の分野だけは、妙に敵対的で高圧的な職員に出会う

確率が高いのです。

　こうした検討を踏まえて、検討会報告書（5頁）でも次のように指摘されています。

「アンケートの結果では、ケースワーカーのやりがいは「利用者が自立したとき」がもっとも多く、一方、困難や苦労、悩みは「援助方針の通りにいかない」「利用者本人に自立する意欲がない」がもっとも多い。利用者の自立をやりがいにしていたが、その目標の達成は難しかった。だから、その未達成感を団結力で解決しようとし、不正受給を（略）「摘発」することが保護係の代替的な目標となったのではないか」

「自立の概念が「就労自立」「経済的自立」とせまく捉えられている。だから、社会的な自立や日常生活の自立も含めた本来の「自立」という目標からケースワーカーを遠ざけ、保護係全体の団結が自己完結型で不正受給の「摘発」の方向に向いた」

「問題の背景に、まず不正受給を疑うところから業務が始まっている空気がある。これは、困難をかかえ、社会の偏見のなかで生きている当事者にとって、表現しがたい悲しみを生む」

② 改善策

　検討会報告書（11頁）は、「改善策②」として「利用者の視点に立った生活保護業務の見直し」を打ち出し、その最初に「当事者の声を聴く機会を設ける」ことを掲げました。「ケースワーカーの業務が対人支援であることを再認識するため、当事者の声を聴く機会（無記名アンケート、ご意見箱等）を設ける。当事者側から見える制度や業務のあり方を顧みるとともに、双方の想いを理解し、信頼再構築のきっかけにしていく」としています。

　このように生活保護行政がアンケートなどで当事者の声を聴く取り組みをするのは、おそらく日本では初めてのことではないかと思います。行政が設置する第三者委員会の委員に元生活保護利用当事者を招聘したのも、行政文書として「生活保護利用者」という表現を採用したのも、おそらく今回の小田原市が初めてだと思いますが、徹底して「当事者の声を聴く」ことにこだわる小田原市の姿勢は画期的であり、素晴らしいことです。

また、検討会報告書（13頁）は、「「自立」の概念を広げたうえで、組織目標に本当の「自立支援」を掲げ、庁内連携や地域力を生かした自立支援プログラムに取り組む」とし、「「自立」という概念を広げ、ゴールの多段階化や多様化を前提とした、丁寧に一人ひとりを支えるというきめ細かな支援の方向性を取り入れる。これにより、職場の雰囲気、手ごたえ、達成感が変わってくる」と改善の方向性を明記しています。
　こうした観点は、小田原市のみならず全国の生活保護行政において共有されるべきものです。

（2）不正受給への対応

① 小田原市における不正受給の実情

　小田原市における不正受給の件数と金額は、課税調査の徹底によって年々増加し（②6p）、2015（平成27）年度は、85件、約2280万円となっています（①資3・4）。しかし、同市の生活保護全体に占める割合でみると件数ベース（不正受給件数÷保護世帯数）では3.66％、金額ベース（不正受給額÷生活保護費全体）では0.43％にとどまっています。2014（平成26）年度の全国の不正受給の割合が、件数ベースでは0.44％、金額ベースでは2.69％であることからすれば、小田原市の生活保護利用者がとりたてて悪質といった事情は見られません。
　不正受給について定めた生活保護法78条は、「不実の申請その他不正な手段により保護を受け」たことを要件としており、「不正であること」を知っていること（故意があること）を前提としています。
　しかし、上記の85件の内訳をみると、「申告義務を理解していたが申告を忘れていた」（13件）、「申告義務を理解していなかった。知らなかった」（11件）、「申告はしたつもりでいた」（4件）というものが合計28件あり（③資2・3p）、全体の約3分の1（33％）を占めます。小田原市は、これらについても、「しおりの配布、開始時説明済み」「申告義務について承諾書に署名済み」といった形式的な理由で「不正の故意」を認定し、法78条を適用しています。こうした運用は、小田原市だけでなく全国でもみられます。
　しかし、「指示をしたというからには、指示された内容を受け手が理解してい

なければならない」とし、しおりを交付しただけでは「文書による指示をした」とは言えないと判断した裁判例もあるとおり（横浜地裁平成27年3月11日判決。賃社1637号42頁）、こうした形式的な理由だけで法78条を適用する扱いには問題があります。この点は、森川委員も、「開始時のしおりの説明がどこまでされていたか、かなり危惧を持っている。相手がきちんと理解できているのかどうか、そこに相当疑義がある」「（承諾書に）サインしたこと自体に自己責任を求める状態も無きにしもあらずと思う」「（形式的なところで判断していることを）どう改善していくのかが重要なポイント」と指摘しています（③2p）。

私たちの間では、「不正受給」の中には高校生のアルバイトの申告漏れなど、本来、不正受給とは言えないものが4分の1くらいはある、ということが言われていましたが、小田原市の調査で、それが概ね真実であることが裏付けられました。

② **改善策**

検討会報告書（11頁）は、森川委員の提案（③14p）を受けて、「事後的な不正受給の「摘発」から不正受給が起こりにくい援助に発想を変える。申告すれば利用できる各種の控除など、丁寧な制度説明や利用者のメリットについての理解を促し、信頼関係を作りながら、適正な収入申告ができるようにしていく」という改善策を提案していますが、とても重要な指摘だと思います。申告しさえすれば、さまざまな控除を受けて収入を有効に使うことができたのに、そうした説明をしないでおいて、後から不正受給として全額返還を求めるなど、「おとり捜査」のようで卑怯というほかありません。

そして、小田原市は、検討会終了後間もなく改訂した新しい『保護のしおり』（本書2章末尾に全文収録）に、早速、さまざまな控除の存在と内容など申告した場合のメリットを詳細に記載しており、これも素晴らしいことです。

（3）ホームレス状態にある人に対する違法運用

① 居宅保護の原則に反した「ホームレス自立支援プログラム」

④の前半で、ジャンパー作成のきっかけとなった事件の背景に、小田原市では

ホームレスの居宅設営に関する流れ

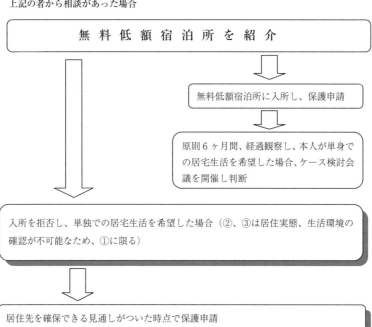

ホームレス状態にある人に対して施設（無料低額宿泊所）保護しかしない運用が常態化していたことがあるのではないかと指摘しました。その根拠を述べます。

生活保護法30条1項は、「生活扶助は、被保護者の居宅において行うものとする」として居宅保護の原則を宣明し、施設での保護は、極めて例外的な場合に限ることを規定しています。

ところが、小田原市の「ホームレス自立支援プログラム」は、ホームレス状態にある人から相談があった場合、例外なく「無料低額宿泊所を紹介」することとされており、この時点で既に明らかに違法です。

宿泊所への入所を拒否し居宅生活を希望した場合、「テント、小屋等で一定期間生活していることが確認できている者」については、「居住先を確保できる見通しがついた時点で保護申請」ができるとされています。「テント、小屋等には住んでいない者（路上生活者）」や「友人宅等を渡り歩いている者」は、居住実態、生活環境の確認が不可能なため、生活保護の申請さえ許されず、ただ、「病気、事故等により病院へ搬送された者」だけが例外的に保護されるとされています。本来、生活保護申請はいつでも誰でもできるので、申請を「テント、小屋等で生活していることが確認できている者」に限ったり、「居住先を確保できる見通しがついた時点」に限ったりするのもまた、明らかに違法です。

無料低額宿泊所に入所した者は、「原則6か月間」もの間「経過観察」された後に、本人が居宅生活を希望した場合、ケース検討会議を開催して「判断」されることとされています。

小田原市では、居宅保護の原則に真っ向から違反した施設収容主義が、市のプログラムにまで明記されているのです。（左図は平成19年3月1日に小田原市が策定した「ホームレス自立支援プログラム」からの転載です）

② **本来あるべき運用**

私が弁護士になった1995（平成7）年には大阪でも、路上生活者に対しては施設か病院でしか保護しないという、施設収容主義が蔓延していました。

しかし、その後、私も弁護団の一員を務めた佐藤訴訟で、大阪高等裁判所が、2003（平成15）年10月23日、一律の施設収容保護決定は違法という判決を言い渡し、「安定した住居のない要保護者が住宅の確保に際し、敷金等を必要とする場

合」にも敷金などの居宅確保資金を支給して差し支えないという実施要領局第7の4（1）キが追加されてからは、ホームレス状態から直接居宅保護を実施することが全国的に一般化してきました。例えば、私の住む大阪では、ホームレス状態の人から生活保護の申請がされると、生活困窮者自立支援法6条1項2号に基づく「一時生活支援事業」として契約しているビジネスホテルなどに法律で定められた14日間（特別な事情がある場合30日間）宿泊させて（当然その間、食事などが出る）、その間にホームレス巡回相談員がアパート探しや家財道具の調達の支援をして居宅生活につないでいく運用が確立しています（ただし、大阪市では、契約ホテルではなく、「生活ケアセンター」という生活保護施設の中にある法外援護施設が活用されています）。

③ 小田原市と無料低額宿泊所との「共依存」関係

　無料低額宿泊所とは、社会福祉法2条3項8号が定める「生計困難者のために、無料または低額な料金で、簡易住宅を貸し付け、または宿泊所その他の施設を利用させる事業」を言います。中には良心的な施設もありますが、いわゆる「貧困ビジネス」と言われるような業者も少なくありません。悪質業者は、路上生活者を囲い込んで入所させ、居宅保護基準の保護費が入所者に支給されるとそのまま全額管理し、狭くて劣悪な居住環境で、劣悪な食事を与え、本人にはわずかな小遣いを渡すだけで搾取します。しかし、特に首都圏では、福祉事務所が「ホームレス対策」をすべて無料低額宿泊所に丸投げすることで支援の労力を節約し、無料低額宿泊所は経済的利益を得るという「共依存関係」が広汎に成立していると言われています。

　小田原市における「ホームレス対策」が「とにかく無料低額宿泊所に入所させること」であったことは、同市の生活保護業務の実施方針にも表れています。

　すなわち、平成28年度の実施方針（15頁）には、「無低・ホームレス対策チーム」の活動内容の冒頭に「無低運営者との連絡・調整」が掲げられています。ジャンパー作成の契機となったケースを担当していたCWも、この方針に基づいて、何はともあれ「無低運営者との連絡・調整」をおこなおうとしたのではないかと思います。

　また、同実施方針（16頁）には、「県監査直近月（平成27年10月）の定例支給分

の窓口払いの割合が14.5％と高い値であったため指摘事項」となり、是正指導を受けたことが記載されています。保護費は、職員による着服防止や役所と当事者双方の便宜から口座振込で支払われるのが通常であり、窓口で現金払いされるのは、保護開始後間もないなど特別な事情がある場合だけです。同市が、「無料低額宿泊所の管理者と面談を行い、口座振替移行への協力を依頼する」ことを改善策として挙げていることからは、無料低額宿泊所の職員が入所者の保護費を全額取り上げて管理する便宜のために窓口現金払いを多用していることが見てとれます。

④ 検討会での議論

小田原市の無料低額宿泊所依存体質は検討会でも議論になりました。

生活支援課長は、小田原市は無料低額宿泊所が10施設あり、神奈川県内で政令市を除くと一番多く、施設側からの要望もあり、これまでは保護費の窓口払いが多かったと、施設の金銭管理の便宜のために窓口払いとしていたことを認めました（②8p）。

小田原市の被保護人員2973人のうち無料低額宿泊所入所者は167人（5.6％）で、無料低額宿泊所の平均入所期間は3年3か月に及び、無料低額宿泊所入所者の居宅移行の検討がされたのは、2015（平成27）年度で14件、2016（平成28）年12月末で5件にとどまります（③1p）。居宅移行の検討数が少ないのは、「仕事をしていたり、ある程度収入のある方など、自立の見込める方を対象」としているためであることも明らかとなりました（③3p）。

この点については、森川委員が、「アパート入居は収入があり、自立が見込まれる人が対象で、収入がない人はアパート入居してはいけないという感覚があると感じた」「昔ながらの経済的な自立に偏っていると思う」と指摘しているとおり（③3p）、就労自立の可能性がある人しか居宅保護に移行させないという運用は明らかに違法です。

⑤ 改善策

残念ながら検討会報告書は、ホームレス対策に関する改善策については全くといってよいほど言及していません。

しかし、以上みてきたとおり、ホームレス状態にある人に対する小田原市の生活保護運用は、違法のオンパレードです。実は、私の事務所にも、無低の劣悪な処遇についてＣＷに訴えても全く聞き入れてもらえなかったという小田原市の生活保護利用者からの告発の電話がかかってきました。「ホームレス自立支援プログラム」の全面改訂をはじめとする抜本的な改革が不可欠です。

今後は、生活困窮者自立支援法に基づく「一時生活支援事業」として、契約ビジネスホテルを確保するなどして、安易に無料低額宿泊所に依存することをやめなければなりません。生活保護法の理念どおり、ホームレス状態からの居宅保護の開始を積極的に推進すべきです。

また、今なお約170名いる無料低額宿泊所入所者について、居宅生活の希望を確認し、その希望のある人については、就労自立の可能性の有無にかかわらず、できる限り居宅移行を果たせるよう支援をする必要があります。

しかし、長年にわたって構築されてきた相互依存関係を断ち切るのは極めて困難な作業でしょう。特に、これまで親密な関係にありながら、経済的利益を失う無料低額宿泊所事業者の抵抗や反発が大きいことは容易に予想されます。

さいたま市では、無料低額宿泊所からの居宅移行支援事業を社会福祉士会などに委託し、居宅移行支援チームが弁護士会などとも連携しながら、無料低額宿泊所入所者を居宅生活に移行させる実績を積み重ねているようです。こうした取り組みを参考としつつ、入所当事者の意向確認や居宅生活移行支援を外部の力のある支援団体に委託することも含めて実効性のある方法を検討する必要があります。

（４）法定期間内処理の不遵守

生活保護法24条５項は、福祉事務所は、原則として申請から14日以内に保護決定をしなければならないと定めており、「特別な理由がある場合」に限り、これを30日まで延ばせるとしています。しかし、2016（平成28）年度（12月末）、小田原市において保護申請から決定までに要した期間は、14日以内が105、30日以内が209となっています。約３分の２が法定期間内に処理されていないのは、ここ数年一貫した傾向です（①資４・５ｐ）。

この点は、検討会においても、元ＣＷである櫛部委員が的確な指摘をしています。すなわち、「おそらく金融機関の預貯金調査等に時間がかかっていると思う。金融機関側は期限に関心はなく、都合で回答するので１か月かかる場合もある」と決定の遅延が遅れている理由を推測したうえで、「なぜ生活保護法だけ14日で結論を出せとなっているか。あまり他の法律にはないはず」「なぜ14日かというと、生存の問題に関わっているから」「よほどのことがない限り、14日で一定の判断をする必要がある」と法の理念を説明し、「保護開始後に、色々な調査結果が出てくることはあるが、開廃すればいい」と、あるべき運用を指し示しました（②９p）。

　検討会報告書（12頁）でも、「小田原市では14日を超えるケースが多数観察される。申請者は一日の暮らしに困る人たちである。日数の短縮は喫緊の課題であり、開始・廃止措置を前提とした運用に改めるべきである」と指摘されています。

（５）母子世帯率の異常な低さ・過度の扶養調査・辞退廃止の多さ

① 母子世帯率の低さ

　2016（平成28）年12月の小田原市の生活保護世帯の構成は、高齢世帯（56.8%）が突出し、全国平均（同年11月）の51.4%よりもかなり高くなっています。一方、同市の母子世帯の構成比（3.7%）は全国平均（6.1%）の60%であり、異常に低くなっています（①資４・４p）。同市の母子世帯全体の構成比（2010年度）は7.9%で他の自治体と大差ありません（③資２・２p）。生活保護世帯の中の母子世帯の割合も、2007（平成19）年度には6.9%であったものが10年で半減しており、先に述べた女性職員の少なさと、後に述べる扶養調査の厳しさが影響しているものと考えられます。

② 過度の扶養義務者調査

　小田原市の生活保護業務の実施方針には、「不正受給が疑われるものについては、訪問を工夫・強化するなど徹底した調査により、母子家庭における前夫の入り込みなどに対して厳しく対処することができた」（2009年度、2010年度）、

「ケースワークの基本である訪問活動について…査察指導員がスケジュール管理を細かく行うことでケースワーカーの訪問に対する意識の高揚化を図る」（2010年度）、「定期的に休日を利用して、管内居住の重点的扶養能力者に対して一斉実地調査を行う等、扶養義務の履行を強く求めていく」（2013年度～2015年度）、「年に4回休日を利用した一斉実地調査を実施する」（2013年度）といった記述が並んでいます*3。

　また、「親族との交流再開（扶養照会）」プログラムには、「特に母子家庭における子の父（父子家庭においては子の母）について市内在住であれば、DV等特別な理由がない限り、必ず実地調査をする」とあり、「母子世帯自立支援プログラム」でも就労、増収指導と前夫実地調査の手順が詳しく定められています*4。

　明確なDVなどでなくても前夫と関わり合いを持つこと自体を望まない母子世帯も多く、前夫も生活困窮している場合も少なくありません。このような場合でも画一的に扶養を求めたり、父と子との「交流再開」を求めたりすることはトラブルのもとです。年4回も休日を利用した一斉実地調査までおこなう福祉事務所は聞いたことがなく、仮に揃いのジャンパーを着て一斉実地調査をおこなっていたとすれば、生活保護利用者やその関係者にとって大きな精神的圧力となることは想像に難くありません。

　指摘を受けて改められる前の同市のホームページには、「生活保護よりも民法上の扶養義務（特に親子・兄弟間）の方が優先されますので、ご親族でどの程度の援助ができるか話し合ってください」という、親族による扶養が保護適用の前提条件であるとの誤解を招く記載がされていました。こうした誤解に基づいて、母子世帯の前夫をはじめとする親族に対する過度な訪問調査がなされてきたことが異常な母子世帯率の低さを招いている、と強く疑われます。

③ 辞退廃止の多さ

　保護の実施要領（課長通知問第10の12－3）は、「「辞退届」が有効となるためには、それが本人の任意かつ真摯な意思に基づくものであることが必要であり」「保護の廃止決定を行うに当たっては、（略）保護の廃止によって直ちに急迫した状況に陥ることのないよう留意すること」と定めています。そして、厚生労働省は、本来不必要な「辞退届」を一律徴集しないよう指導し、「「辞退届」の提

出による保護の廃止は、被保護者が保護を受ける権利を自ら放棄する極めて限定的なもの」としています（平成29年3月、厚生労働省社会・援護局保護課主管課長会議資料3、29頁、9頁）。

　しかし、小田原市では、2008（平成20）年度から2012（平成24）年度にかけて年間75件から95件の辞退廃止があり、これが全廃止数の中の4分の1近くを占めていました。その頃の辞退廃止数に比べると近年のそれは20件台に減っていますが、2016（平成28）年度12月末でも、特に、廃止理由の「就労収入増」60件の中で辞退廃止が19件と3分の1を占めており、「社会保障増」「傷病治癒」「親族等引き取り」でも辞退廃止が一定数を占めている点が目を引きます。

　こうした辞退廃止の件数の多さは、保護の要件を満たしている人に対し、増収や傷病治癒、親族扶養を理由に辞退を求め、保護から排斥するツールとして利用していたことを疑わせます。例えば、稼働年齢層である母子世帯の母親に対し、「もっと働いて収入を増やせるはずだ」と増収指導をし、「別れた夫に養育費を払わせるべきだ」と指導をし、実際には最低生活費を超える収入が得られていないのに辞退届を提出させて保護を打ち切るようなことがおこなわれて来なかったか、厳しい検証が求められます。

④ 検討会での検討と改善策

　上記の諸点は、検討会の議論でも指摘されました。検討会報告書（12頁）でも、「いずれもいわゆる水際作戦や就労への追い込みとの関連を予想させる。これらの数値、方針が同時にあらわれるのは、申請者・利用者に対する抜本的な態度改善の必要性を示唆している」とされ、「母子家庭の割合が低い理由の検証、辞退廃止に関する運用の検証、マニュアルの整備などが必要である」との改善策が示されています。

　母子世帯の割合が少ない理由については、今後おこなわれる予定の生活保護利用当事者のアンケートにおいて、母子世帯の声を十分に拾い上げられることが期待されます。こうした調査結果も踏まえて、扶養調査の在り方やマニュアルも抜本的に見直すことが必要です。

　辞退廃止は、そもそも、極めて例外的な場合以外はおこなってはならないものであり、基本おこなわないことを徹底しなければなりません。

5 これからが本番

　本稿の前半で見たとおり、今回の問題発覚後の小田原市の対応は、良い意味で異例尽くしでした。検討会では、わずか1か月間の集中的な討議で、徹底した問題点の追及と具体的な改善策の提示がなされ、『保護のしおり』の改訂など、できることはすぐに実行されました。元生活保護利用者を検討委員に招聘したことをはじめ、画期的な取り組みでした。

　私たちのように生活保護行政の問題に対峙して運動に取り組んできた者は、経験から、どうしても行政に対しては批判的、懐疑的になってしまいます。私自身の今回の小田原市に対する感情も、「怒りと軽蔑」に始まり、しばらくは「本当にちゃんとやるの？」という「懐疑」でした。それが検討会委員の人選がなされたあたりから、「驚き」に変わり、さらにその後の展開には「感動」させられました。

　検討会報告書は、その「むすび」で、「多くの人びとが、行政は「保身のために情報を隠すもの」「市民の上に立つもの」と考えている。だが、本検討会議をつうじて、人間を疑う気持ちは、人間の誠実さによって拭い去れることを私たちは知った。みなさんの残したこの足跡は、今後の生活保護行政の新しい基準のひとつとなるだろう」と述べています。まさにそのとおりだと思います。

　しかし一方、本稿の後半で詳細に見てきたとおり、今般の検討作業によって、小田原市の保護行政に大きな問題が厳然としてあることがより一層明確になりました。この問題が世間をにぎわすようになってから、私のところに3人の小田原市の生活保護利用者から実態を告発する電話や手紙がありました。いずれの訴えからも、小田原市の保護行政には相当深刻な歪みがあることがうかがえました。問題はまだ何も解消されておらず、これまでの保護行政を抜本的に変えること、市民が安心して相談できるように改善することは、すべてこれからの課題です。

　今回、当会議は、小田原市の取り組みを高く評価する声明を2回にわたって出しました。生活保護を利用する当事者や、その支援者の方々の中には、「手放

しでほめ過ぎではないか」との違和感をお持ちの方も少なからずおられると思います。「担当職員に対する批判や非難だけでは問題が解決しない」という検討会のスタンスに対しても、「それは結局、生活保護利用当事者との関係では絶対的な権力者であり加害者である担当職員の責任を免罪することにつながらないか。まずは、徹底した批判と責任追及が必要ではないか」と考える方も多いでしょう。

　実は、私自身もこの間、胸の内で同じ疑問を反芻し、「この釈然としない思いはどこから来るのか」と自問自答してきました。私なりにたどり着いた、その答えは、結局のところ行政から裏切られ、何もなかったことにされて、元の木阿弥に戻るのではないかという「不信」でした。また、結果的に当事者の過酷な現状を何ら改善することなく、加害者を免罪することに手を貸す「共犯者」となるのではないかという「恐怖」でした。

　検討会報告書は、「むすび」で、次のように述べています。
「戦後の生活保護行政史に新たな１ページを切りひらいたのは、市職員のみなさんのひたむきさである。だが、いまこの瞬間、これらはすべて過去のことになる。ジャンパー問題と今回の議論を跳躍板として、みなさんが小田原市で暮らす人びと、そして全国で同様の問題に苦しむ人びとへの希望の光を灯すのか。あるいは、問題の先送りによって、今回大勢の人が味わった失望を絶望に変えるのか。未来を生きる観察者たちは、みなさんのこれからを静かに見守り、そして厳しく評価を下すだろう。

　つまり、この報告書は終わりではなく、はじまりなのである」
「私たちの提案を踏み台として、市民と行政とが作り出していく「小田原モデル」が誕生する瞬間を私たちは見届けたい。

　生活保護はもちろん、税務行政や母子家庭への福祉など、さまざまな局面で同様の問題を抱えている自治体もあることだろう。小田原市の問題を対岸の火事とせず、人びとが傷つけ合う悲しい状況が一日も早く改善することを、市民と行政が手を携え合いながら、人間の幸福を追い求めるあらたな第一歩がここにはじまることを、私たちは心から願っている。未来を変えるのは未来の人間ではない。いまを生きる者たちの意志である」

以前、日本弁護士連合会（日弁連）の調査でスウェーデンに行った時、同国のＣＷから、「当事者に対する最も重要な姿勢は「信頼と尊敬」である」という話を聞きました。

　今後、報告書が指摘した問題点などが着実に改善され、生活保護利用当事者と職員の関係性が相互の「信頼と尊敬」に変化すること。ＣＷが市民に寄り添う姿勢に立ち、仕事に誇りとやりがいを感じるようになること。そのことが生活保護利用当事者や市民に実感として受け止められるようになること。そうなって初めて、異例尽くしだった検討会の意義が真価を発揮したと言えます。

　そして、小田原の生活保護現場が真に改善され、生活保護利用当事者はもちろん、ＣＷもともに幸せになれたことが「小田原モデル」として全国に発信され、その経験が、「見えないジャンパー」を着たＣＷがいる全国の福祉事務所にも伝播していく。

　今回の経過をみると、それは決して夢物語ではないし、夢物語にしてはならないと思います。そして、私たち自身が、小田原市とともに、その重い責任と、希望に満ちた課題を担ったのだと感じています。その責任と課題を果たす最初の作業であると考え本稿を執筆しました。

　検討会報告書（16頁）は、「本報告書の提出から１年後をめどに、実施状況を検証する場を設け、さらなる改善につなげる」としています。本稿がいささかなりとも、実施状況の改善につながることを願っています。

＊１　問題点の詳細は、生活保護問題対策全国会議の2013年３月４日付け小野市長宛て要望書を同会議ホームページでご参照ください。
＊２　問題点の詳細は、生活保護問題対策全国会議が生活保護支援九州・沖縄ネットワークと連名で2016年３月９日に出した別府市長等宛ての意見書を同会議ホームページでご参照ください。
＊３　2015（平成27）年度以前の実施方針は、検討会資料には提出されていませんが、生活保護問題対策全国会議の公開質問に応じて開示され、同会議のホームページに掲載されています。
＊４　これらの「プログラム」も検討会資料には提出されていませんが、生活保護問題対策全国会議には開示され、同会議のホームページに掲載されています。

生活保護行政のあり方検討会報告書

平成 29 年 4 月 6 日

生活保護行政のあり方検討会

小田原市のホームページから転載
http://www.city.odawara.kanagawa.jp/global-image/units/305183/1-20170406145937.pdf

はじめに

　平成 29 年 1 月 16 日、小田原市の生活保護担当職員が不適切な表記がされたジャンパーを着用し、10 年にわたって生活保護利用者宅を訪問、業務に従事していたという報道が全国を駆けめぐった。苦しみとともに懸命に生きようとする人たちへのこの心ない行為は、当事者のささやかな日常を傷つけ続けたことはもちろん、小田原で暮らす多くの市民の行政への不信感を深刻なものにした。いや、小田原市だけの問題ではない。全国にいる生活保護利用者、日々懸命に働くケースワーカー、人権団体など、多くの関係者を失望と落胆に追いやった。その罪は重い。

　一方、小田原市役所に寄せられた声のなかには、担当職員の行為を支持するものも相当数あった。それらの大半は「納税者」の目線から出されたものであり、不正受給の徹底した取り締まりを求める声だった。

　不正を許せないという心情はもっともである。だが、今回の犠牲者は、不正を行うことなく、まっとうに生きていた人たちである。それ以前に、不正を憎む心は納税者の専売特許ではない。利用者も同じ想いを抱えている。不正を取り締まることと、利用者の穏やかに生きる権利を守ることとは車の両輪である。前者が後者を傷つけてしまえば、私たちの社会はバランスを失い、信頼と同胞意識という社会の土台が根底から覆る。

　本検討会の目的は、第一には、生活保護利用者の権利を守ることにある。その前提を確認したうえで、私たちが細心の注意を払ったのは、現場で働く生活保護担当職員たちの置かれた環境だった。

　一番簡単で、安易な方法は、すべての責任、そして改革案を担当職員に押しつけることである。しかし、担当職員たちに対する情緒的な支持や批判のいずれかの立場に立つのでは、本当の意味で問題は解決できない。彼らがなぜこのような愚かな行為に及んだのか。組織全体には問題はなかったのか。問題が起きた背景と同時に、本来のあるべき業務にケースワーカーが専念できるための条件にもメスを入れなければならない。

　私たちは人間を裁くために集まったのではない。糾弾するために集まったのでもない。今回の悲しい事件を、全国の生活保護利用者、地域で生きるすべての人びとのよりよい暮らしへの「反転攻勢」のチャンスにしたいと考えている。以下、問題や責任のありかを明らかにするだけではなく、あらゆる人間の尊厳を守り、それが組織改革、生きる価値のある社会の実現につながる可能性を示していきたい。

1　基本認識

（1）検討会の開催に至った経緯

　今回の事件に関して、小田原市はジャンパーの着用を禁止するとともに、関係職員に対する厳重注意を行った。所管副市長は、給料の 10 分の 1 を 1 カ月辞退した。また、市長は、市職員としての配慮を欠いた不適切な行為であり許されるものではないとの認識を示し、生活保護を利用する人びとの気持ちを傷つけ、市民との信頼関係を大きく損ねたことを謝罪した。

　小田原市は、「市民の力で未来を拓く希望のまち」の実現に向け、市政の第一の課題に「いのちを大切にする小田原」を掲げ、さまざまな取り組みを進めていた。こうした経緯を踏まえ、市長は、生活保護制度への不寛容、さらには生活支援が必要な人びとへの不寛容さを小田原市が持っているというイメージが全国に発信されたことは残念であるとしつつ、この機会を、小田原市の進化の機会として受け止め、市民とともに、喜びも苦労も分かち合いながら安心して暮らせるまちを目指していくと述べた。

　以上の反省のもと、市長は、ジャンパー等の問題（以下、ジャンパー問題）を全庁的課題と位置づけ、その検証と改善方策を早急に検討するため、有識者と市職員をメンバーとする検討会を開催するよう、職員に指示を出した。こうして設置されたのが「生活保護行政のあり方検討会」である。

（2）検討にあたっての基本的考え方

　検討会の基本的スタンスとして、座長より以下の指針が示された。

　今回のジャンパー問題が複雑なのは、不正受給を厳しく取り締まるべきだという納税者の声と、生活保護利用者の権利を守れという声、いわば、ふたつの正義がぶつかりあい、人間どうしの対立が深まっていく構図となっていた点であった。

　だが、今回の犠牲者は、不正をまったく行っていないにもかかわらず、長期間にわたってジャンパーを着た職員の訪問を受け、屈辱的な思いをした生活保護利用者だった。彼らの声なき声に耳を澄ますこと。市職員の行為を安易に正当化しないこと。これが検討会の基本的な理解であり、議論の出発点である。

　だが、ケースワーカーを非難し、とかげのしっぽ切りによって幕引きを図るわけには

いかない。ケースワーカーがなぜそのような行動を取ったのか。市役所のなかでの彼らの立場はいかなるものだったのか。生活支援課も含めた全庁的な風土、雰囲気に問題はなかったか。もしかすると、生活保護利用者に対する態度と同じような態度が別の場所で市民に向けられているかもしれない。あるいはジャンパーこそ作らなくとも、同種の問題が全国のあちこちで起きているかもしれない。

　焦点はあくまでも生活保護行政のあり方だが、この問題が突破口となり、より住民目線に近い、質の高いサービスを効果的に提供する行政、納税者が納得できる社会への道筋がひらかれるのではないか。小田原市民はもとより、全国の生活保護利用者、ケースワーカー、そして多くの日本人が希望を感じられる検討会としていきたい。

　以上の方針は議事録の確認をつうじて各委員によって承認された。

2　ジャンパー問題はなぜ起きたのか

　以下、ジャンパー問題を、3つの時点（平成19年の傷害事件、ジャンパー等の作成、その後の10年間）に区分したうえで、問題点を整理する。

（1）きっかけとされている平成１９年の傷害事件

　平成１９年７月、ケースワーカーが生活保護の元利用者にカッターナイフで切りつけられる事件が起きた。この事件がジャンパー作成のきっかけとされる。

　元利用者は、アパートに居住し生活保護を利用していたが、不動産業者から契約更新をしないとの連絡を受けた。当初、無料低額宿泊所への入居で調整を行ったが、元利用者が結果として面接日に現れず、音信不通となり、所在不明となったため、保護の要否が判断できず生活保護の廃止を決定した。その後、元利用者は、保護費の支給日になっても支給されないため、市役所を訪れ前述の事件にいたった。

　この事件を受け、組織的には、サスマタの生活保護窓口への設置、庁内保安員による庁内巡回の対処が行われた。

【問い①】当時の保護廃止決定をはじめ、援助方法は適切であったか。

　契約の更新拒絶には「正当事由」がいる。転居を要するときには転居費用を支給できるし、住所不定者に居宅保護ができないわけでもない。当時の保護係にこうした知識、制度の理解があれば、必ずしも保護の廃止決定には至らなかった可能性がある。つまり

事件を防ぐこともできたかもしれない。あわせて、アンケート結果で、十分な研修を受けられていないことが見て取れることから、ケースワーカーの基礎的な知識の不足が問題点として考えられる。

【問い②】事件を受けた組織的な対応は妥当なものだったか。

事件が起きたことの詳しい検証が全庁的になされなかったうえ、組織的な対処はサスマタと保安員設置にとどまるものであり、このことが、保護係の組織的な孤立感につながっていったと考えられる。全庁的なレベルでケースワーカーがおかれている状況改善の必要性が認識されていない。市役所で働く仲間として、保護係への眼差しに問題があったのではないか。

【問い③】傷害事件をどう乗り越えていくか、その姿勢がいま問われている。

傷害を受けるのは、誰にとっても恐怖である。ケースワーカーが、自分たちで団結して対処していく姿勢じたいは否定されるものではない。だが一方で、10年が経過したいま、生活保護利用者の人生を大きく変えてしまったとの認識に立ち、自分たちは何を恐れて「怖い職場だ」と言い続けてきたかを考え直すときではないか。ケースワーカーの仕事が対人支援であることをあらためて確認する必要があるのではないか。

（２）なぜ不適切な表記のジャンパーを作成したのか

平成29年1月、第三者より、ケースワーカーが不適切な表現が記載されたジャンパーを着用しているとの情報を受け、事実確認が行われた。

経緯としては、日々の業務量の多さに加え、前述の傷害事件をきっかけに、職員のモチベーションの低下があったことから、不正受給を許さないというメッセージを盛り込み、職員の連帯感を高揚させるため、平成19年にジャンパーが作成された。ジャンパーに記載されている内容は、外部に向けたメッセージではなく、仕事が大変な職場であることから、自分たちの自尊心を高揚し、当時の疲労感や閉塞感を打破するための表現であった、生活保護利用者ではなく市役所全体へのメッセージであったと当時の職員は述べている。なお、現在は、ジャンパーに加え、その後発覚したポロシャツ及び関連物品についても使用が禁止されている。

【問い①】組織的な孤立がジャンパーの作成につながったのではないか。

　ジャンパーの作成について、アンケート結果では、不正受給を取り締まるという意識は弱く、「内部的結束を高めるため」が最上位を占め、傷害事件から立ち直るために自分たちだけで何とかしようとした側面が見える。組織的な対応の欠如は(1)-②で述べた通りであり、担当職員の利用者への配慮不足はもちろんだが、他部署からの孤立ゆえの保護係の団結力・使命感を維持しようとしたことが、ジャンパーを作成した要因だったのではないかと考えられる。

【問い②】「自立」目標の難しさから、不正「摘発」を代替目標に据えたのではないか。

　アンケートの結果では、ケースワーカーのやりがいは「利用者が自立したとき」がもっとも多く、一方、困難や苦労、悩みは「援助方針の通りいかない」「利用者本人に自立する意欲がない」がもっとも多い。利用者の自立をやりがいにしていたが、その目標の達成は難しかった。だから、その未達成感を団結力で解決しようとし、不正受給を「発見」し「正す」のではなく、むしろ「摘発」することが保護係の代替的な目標となったのではないか。

【問い③】「自立」の解釈と、「自立」と「不正」への対処のバランスは適切だったか。

　自立の概念が「就労自立」「経済的自立」とせまく捉えられている。だから、社会的な自立や日常生活の自立も含めた本来の「自立」という目標からケースワーカーを遠ざけ、保護係全体の団結が自己完結型で不正受給の「摘発」の方向に向いた。『「自立」支援』と「不正」への対処両面のバランスを取るとともに、市民にひらかれた保護行政であるべきだった。その中で、当事者はもちろん、ケースワーカーの自尊感情が育てられてきたのかを問わなければ前には進めない。

【問い④】ケースワーカーの職務の認識にズレがあるのではないか。

　問題の背景に、まず不正受給を疑うところから業務が始まっている空気がある。これは、困難をかかえ、社会の偏見のなかで生きている当事者にとって、表現しがたい悲しみを生む。今回の一連の問題が、小田原市のみならず全国の利用者を傷つけ、前向きに生きようとする人間のエネルギーを奪っていることを認識し、困り果てて窓口に来た人のSOSをキャッチし、生活を守り支えていくケースワーカーの本来の職務に立ち返る必要がある。

(3) ジャンパー着用のまま利用者宅を訪問し、それが10年間続いたこと

　平成 19 年にジャンパーが作成された当初は、職員がジャンパーを着用して、生活保護利用者宅に訪問することはあまりなかったが、平成 20 年以降はほとんどの職員が着用して訪問している。これは、多くの利用者が知られたくないと考えている情報、生活保護の利用を周辺住民に知らせてしまう可能性のある行為であり、不適切であることは明らかである。なお、平成 20 年度以降配属された職員のうち半数は、ジャンパーの記載内容について気にさえかけていなかったことがアンケート結果からもわかる。

　また、平成 19 年に作成されたジャンパーは、10 年にわたり着用され続けるとともに、ジャンパー以外にも不適切な表記がされたポロシャツ等の関連物品が作成されており、その行為に対して内部での見直しや異論が出てこなかった。

【問い①】時間の経過とともに、慣行としてジャンパーを着続けたのではないか。

　アンケート結果では、ジャンパーが作成された当時は、ジャンパーの記載内容を認識し、生活保護利用者に配慮をしていたことが読み取れる。しかし、時間の経過とともに、そのことを気にする職員は少なくなり、単なるチームワークの象徴との認識にとどまり、着用し訪問することに何も違和感を持たなくなったことが問題であった。

【問い②】支援の手段と目的を混同し、不正受給「摘発」を目的としていなかったか。

　(2)-②で考察した不正受給の発見は、本来、生活困窮者支援から派生したものである。つまり、手段の一つに過ぎないわけだが、ジャンパーを着用しての家庭訪問は、手段と目的の混同があったと言わざるを得ない。生活困窮者支援のための手段として不正受給を防止しようとしたのではなく、不正受給を「摘発」することが第一の目的に近い扱いになっていた可能性がある。

【問い③】利用者の視点、関係性の視点が欠如していたのではないか。

　不正受給の「摘発」が目的化してしまった結果、援助を必要とする側のまなざしが弱くなり、生活困窮者や生活保護利用者との向き合い方へと意識が向かず、支援としての発想が希薄となっていたために、ジャンパーを着用して訪問することに、違和感を持たなかったと考えられる。

　また、生活保護利用者から見ればケースワーカーは絶対権力者であり、一対一の関係の中で、言いたいことがうまく伝えられない、説明がわからない状況でも判断を迫られ

るという怖さがある。ジャンパーの不適切さを利用者が指摘できないのは当然であり、ケースワーカーが権力者であるという視点が欠けていたからジャンパー着用が継続したと考えられる。

【問い④】生活保護行政に対する全庁的な関心や理解が欠如していたのではないか。

10年間ジャンパーを着ている姿を見て、誰も何も発言・行動しなかったのは、全庁的に市民の生活を支えていく使命感や認識が足りなかったことと表裏一体である。アンケート結果からは、生活保護の職務が非常に過重労働なことを知りつつ、「そういう職場だから」と済まされてきた経緯が見て取れる。また、自分自身が生活保護にかかわる部署に異動することを望まないという声がとても強かったこともわかる。全庁的な関心や理解の低さが、管理監督者も含め誰もジャンパー着用を疑問視せず、保護係の孤立感をさらに高め、ジャンパーの着用が継続した要因と考えられる。

【問い⑤】10年間の組織的対応を振り返り、全庁的な支援の姿勢が問われている。

この10年間で、社会的課題が複雑化し、生活困窮者自立支援制度の運用がはじまるなど、色々なことが変わってきている。(1)-②で述べた10年前に組織的な対応がなされなかったことに加え、この10年間の状況変化に対する関心や理解の低さを反省する必要がある。ケースワーカーの置かれた状況の改善、(2)-③で述べた「自立」の概念の拡大には、全庁的な連携と協力が不可欠となる。

（4）問題点の整理

前述の検証を踏まえ、ジャンパー等の問題を、生活保護の現場レベル、市役所全体レベル、市民全体レベルで整理する。

① 生活保護の現場レベルの問題点
（ア）援助を必要とする側の視点の軽視、支援者としての意識の弱さ

まず、現場レベルのなかでケースワーカーに光を当てる。2-(1)で指摘された生活保護制度や法的支援等の基礎的な知識の不足に、次の（イ）で述べる、組織的な孤立感、自己完結感が重なったことで、「援助を必要とする側の視点」が軽視され、生活困窮者に対する「支援者としての意識」が弱かった。今後は、ケースワーカーの本来の業務に立ち返り、生活保護利用者の声に耳を傾け、その業務が対人支援であることを再

認識できるようにすること、支援の専門性を高めることが必要である。

（イ）組織としての目標設定とマネジメントの失敗

　次に、現場レベルのうち、保護係の問題を取りあげる。平成19年の傷害事件をきっかけとして深まった組織的な孤立感に、「就労自立」「経済的自立」だけに「自立」を狭く設定した状況が重なった。この結果、自己完結型の団結力で乗り越えようとする空気が強まり、目標を不正受給の「摘発」や防止に偏らせてしまった。組織としての目標設定・マネジメントの失敗である。この問題は、現場で「不正」と「自立支援」への対処の両面を抱えるケースワーカーの業務と大きく関係しており、今後、「自立」の考え方を広く取り、当事者はもちろん、ケースワーカーの自尊感情を育んでいく自立支援の取り組みをつうじ、生活保護行政を庁内にも、市民にも「ひらいていく」必要がある。

② 市役所全体レベルの問題点

（ア）生活保護行政に対する市役所全体としての関心や理解の低さ

　まずは、平成19年の傷害事件後、組織的にケースワーカーの置かれている状況改善がなされなかったことに立ち返る必要がある。市役所の仲間としての保護係へのまなざしを含め、生活保護行政に対する市役所全体としての関心や理解の低さの問題である。

　この問題は、ケースワーカーの標準数が充足されていないことや、新採用職員や男性職員に職員配置が偏在していることにもつながり、今後、組織的な対応として、利用者に寄り添い、ケースワーカーが職務に専念できる体制をつくっていく必要がある。

　加えて、傷害事件以後、自分たちは何を恐れて「怖い職場だ」と言い続けてきたかに意識を向ける必要もある。「怖い」とは「利用者は悪人だ」という理解と紙一重である。こうしたあやまった認識を断ち切り、生活保護業務の見直しとあわせて、みんなが異動したいと思える職場づくりを組織的に目指していく必要がある。

（イ）ジャンパー等の問題を生活保護行政だけの問題としない

　アンケート結果で「自分たちの部署でも起こりうる」と感じている職員が非常に多かったことを考えれば、生活保護行政だけの問題とせず、同じようなこと、あるいは市民目線で見れば「おかしい」と思えることが全庁的に起きていないか、自分たちは市民を支えるためにサービスをしているのかについて、あらためて検証していく必要があ

る。

③ 市民全体レベルの問題点

前述の検証において、市民全体レベルの問題点についての言及は少ないが、ジャンパー等の問題の本質的な解決において重要な観点となる。

（ア）全国同様、小田原市の中にある生活保護をめぐる深い社会的な分断

ジャンパー等の問題に対し全国から寄せられた意見は多数あるが、内訳は批判と擁護が半々であり、小田原市民からの意見もほぼ同様に意見が割れている。これは、生活保護をめぐる深い社会的な分断が全国的にあり、小田原市の中だけでもそれが存在していることを意味する。この克服が大きな社会的課題となる。

（イ）みんなにとって満足できるセーフティーネットを小田原でどうつくっていくか

この問題の克服には、小田原市民にとってどんなセーフティーネットであったら合意できるかという、民主主義的な解決が欠かせない。困窮する可能性はすべての人が持っており、そのときに必要な支援を得られるセーフティーネットを、みんなにとって満足できるものとして小田原市の中でどうつくっていくか。これが市民全体に問われている。

（ウ）実現にはお金が必要で、必要な負担を求めていくことから逃げない

提案を実現していくにはお金が必要となり、必要な負担を求めていくことが重要となる。ケースワーカーの不足にも象徴されるように、行政は追い詰められながら綱渡りをする状況であるが、それでも住民からは無駄遣いをやっているように見える。国や自治体の財政がしっかりしない限り、本当の意味での質的な改善は望めない。住民からの信頼を取り戻す努力と同時に、財源を確保する方策の問題から、市民も、政治も、行政も逃げてはいけない。

3　ひらかれた生活保護行政に向けた改善策の提案

2-(4)で整理した問題点を踏まえ、開かれた生活保護行政に向けた改善策と今後の展開について提案する。

(1) 改善策の基本的考え方

ケースワーカーと利用者の関係に焦点を合わせれば、ケースワーカーの専門性や知識の不足、性悪説に立った態度を改善しなければケースワーカーは加害者になっていく。

他方、組織のなかでケースワーカーはどういう地位に置かれていたのか。問題が起きたときに彼らが不安の声をあげ、他部局が支援する体制は整っていたか、組織のなかで彼らに向けられた眼差しはどのようなものだったのかという面から見れば、ケースワーカーも犠牲者であった側面が浮かびあがる。

　現実はその両面であり、その2つを対立軸にするのではなく、その2つをどうやって改善していけるのかという問いを立てなければならない。

　そこで、これまでの検証と問題点の整理を踏まえ、①利用者の権利という観点から、ケースワーカーがどのような対処をしていくのか、組織としてどのように接していくのか、②ケースワーカーの置かれている状況を、組織的問題を含めてどのように改善していくのか、この2つの観点が土台であるという認識に立ち、改善策を検討、提案する。

（2）改善策の提案

【改善策①】援助の専門性を高める研修や連携による学びの場の質的転換

　生活保護は何のためにあるのか。ケースワーカーの仕事は何であるか。これらの基本的な考え方の理解を深め、また、そのことを体得するために、援助の専門性を高める法的知識や対人支援の研修の機会を充実する必要がある。また、全庁的な理解と支援を得るための機会・機関も不可欠である。これらの理解や支援により自然に湧き出る態度が、当事者との信頼関係の大前提である。

（ア）外部の専門家による生活保護制度や法的支援の研修

　生活保護制度や法的支援の研修には、外部の視点を取り入れ、学識経験者や法律家を含め専門の講師を招く機会を増やす。法的支援では、社会的弱者を保護する法制度の利用へのゲートキーパーの役割をしていくことが重要となる。

　あわせて、人権啓発などをはじめ、全庁的な意識啓発の取組を継続する。

（イ）外部機関等と共に学ぶ対人支援

　対人支援は、NPOや市民団体、専門機関の職員や当事者を招き、風通しの良いやり取りに向けて共に学ぶ機会を設ける。また、新人ケースワーカーには、典型的な課題や困難を抱えた人へのケースワークの研修を設ける。

（ウ）関連所管による定期的な事例検討等の機会の創設

　福祉関連部局や対人支援の関連所管（生活保護、障がい、高齢、ひとり親、市民相談

等)、さらには同様の行政優位の権力関係にある税務行政、滞納整理などを中心に、定期的に業務報告や事例検討を行う機会を設ける。新人を含め現場の職員同士が話し合える場とし、事例検討などは外部のSV（スーパーバイザー）を導入するなど、多面的な視点を入れながら、問題が生じた時の組織横断的な対応の土壌を作る。

【改善策②】利用者の視点に立った生活保護業務の見直し

ジャンパー問題の検証では、職員内での団結維持に心を奪われ、当事者とのかかわり方については意識が向かず、支援者としての意識が希薄であった。まずは、当事者の声を聴くことから始め、利用者の視点に立った生活保護業務の見直しとして、相談窓口や保護のしおりの見直しを行うとともに、援助のあり方を改善する。

（ア）当事者の声を聴く機会を設ける

ケースワーカーの業務が対人支援であることを再認識するため、当事者の声を聴く機会（無記名アンケート、ご意見箱等）を設ける。当事者側から見える制度や業務のあり方を顧みるとともに、双方の想いを理解し、信頼再構築のきっかけにしていく。

（イ）相談しやすい窓口の実現に向けた執務レイアウトの見直し

相談しやすい窓口の実現に向け、執務室のレイアウトや環境整備、面接室の増設等を行う。配置からは、業務に対する姿勢が見て取れることから、市民と職員双方の視点から配置を検討することが重要となる。

（ウ）保護のしおりの見直しをきっかけとした全庁的な再点検

利用者の視点に立った制度説明や援助に向け、保護のしおりを市民に分かりやすく自尊感情を傷つけない表記に見直す。あくまでも前提は、「受給権のある人びとに利用につながる情報を提供する」という視点である。この見直しは、市民へのフィードバックを他部局と連携して行い、全庁的な表記等の再点検にもつなげる。

（エ）不正受給が起こりにくい援助

事後的な不正受給の「摘発」から不正受給が起こりにくい援助に発想を変える。申告すれば利用できる各種の控除など、丁寧な制度説明や利用者のメリットについての理解を促し、信頼関係を作りながら、適正な収入申告ができるようにしていく。

（オ）専門機関（法テラスや弁護士会）との連携

利用者の支援方針や援助的な対処について自信が持てないケースなどは、法的支援のアドバイスをくれる専門的な第三者機関（法テラスや神奈川県弁護士会等）との連

携が有効である。

（カ）生活保護申請から決定にかかる日数の短縮

　生活保護申請から決定までにかかる日数は原則 14 日までとすべきことが生活保護法に定められている。30 日までに伸ばしてよいのは、「特別な理由」がある場合であるが、小田原市では 14 日を超えるケースが多数観察される。申請者は一日の暮らしに困る人たちである。日数の短縮は喫緊の課題であり、開始・廃止措置を前提とした運用にあらためるべきである。

（キ）母子家庭への厳格な審査、辞退廃止の多さ、扶養義務者の調査の厳しさ

　小田原市の保護行政では、母子世帯率（3.7％）が全国平均（6.1％）に比べて明らかに低く、年 4 回の一斉実地調査など扶養義務者への調査も厳しすぎる感がある。また、本来なら例外的にしか認められない辞退廃止数も多い。いずれもいわゆる水際作戦や就労への追い込みとの関連を予想させる。これらの数値、方針が同時にあらわれるのは、申請者・利用者に対する抜本的な態度改善の必要性を示唆している。利用者において母子家庭の割合が低い理由の検証、辞退廃止に関する運用の検証、マニュアルの整備などが必要である。

【改善策③】利用者に寄り添い、ケースワーカーが職務に専念できる体制づくり

　重視されてこなかったケースワーカーの処遇改善として、職員配置の拡充や偏在化の見直しなどを行い、利用者に寄り添い、ケースワーカーが職務に専念できる環境を整える。ここでは、これまでの庁内的な孤立感を要因とした悪循環を、組織的なケアをつうじて好循環とし、利用者への寄り添いにつなげていくことが肝要である。また、このことはどの部局でも重要な視点である。なお、ここにあげる改善策は、組織的な対応によるものだが、後述する自立支援の取組など生活保護業務のあり方の見直しに伴う現場職員の負担軽減もあわせて重要となる。

（ア）ケースワーカーの標準配置数の充足と専門職の拡充

　日々の業務に追われストレスフルなケースワーカーの状況を改善するため、社会福祉法に規定する標準数を充足するよう職員を配置する。また、社会福祉士、精神保健福祉士などの有資格者の採用や適正配置とともに、職員のキャリアアップなどを考慮した人事異動を行う。

（イ）業務のあり方と連動した職員配置の偏在化の見直し

女性職員の少なさは、職場が危険な場所であるという職員の意識の反映であり、それは性悪説が根っこにある。新採用職員の配置が多く女性職員の配置が少ないことについて、業務のあり方、利用者への考え方の見直しとあわせて検証したうえで、年齢構成のバランスのよい配置をするなど、人事異動の方法を検討する。

（ウ）ケースワーカー業務の再整理

一方では利用者への支援が要請され、他方では利用者の不正を明らかにするというふたつの業務のもと、ケースワーカーは信頼と不信のはざまで揺れ動いている。今回の事件はその均衡が失われ、後者へと傾いたことに原因の一端がある。

たとえば、租税台帳との突合なども含め、ケースワーカーの業務範囲を見直すことを検討してはどうか。むろん、この見直しが、性悪説に立った不正の「摘発」チームの設置などに結びついてはならない。これは、ケースワーカーが利用者に寄り添うという目的を前提としたうえで、不正や誤解を正すことを容易にする道を探るのが目的である。あるいは、生活保護業務を、当事者とケースワーカーの２者関係から、他部局、地域社会の人材も含めた、よりひらかれた関係を基本とするユニットへと移行させることも検討に値しよう。

これらの取り組みに際して、国の補助を活用することも検討されるべきである。

（エ）市長・副市長の現場訪問とメッセージの発信

生活保護など、市民生活にとって重要でありながら、評価されにくい職場を市長や副市長が訪問し、メッセージを送ることが現場の励みになる。これは、市長や副市長だけでなく、幹部職員の非常に大事なサポートである。

（オ）感情労働や惨事ストレスに対する支援

生活保護業務に限らず、全庁的に相談しやすい（話しやすい）職場環境づくりに取組むとともに、惨事ストレスに対するカウンセリング体制等を設ける。ただし、こうしたストレスのない職場を作ることが最大の目標であることは言うまでもない。

【改善策④】「自立」の概念を広げ、組織目標として自立支援の取組を掲げる

２−(4)問題点の整理で設定した３つのレベル（生活保護の現場、市役所全体、市民全体）を貫く改善策として、「自立」の概念を広げたうえで、組織目標に本当の「自立支援」を掲げ、庁内連携や地域力を生かした自立支援プログラムに取り組む。ジャンパー等の

問題が、閉じられた中での自己完結型の団結であったことから、この取組をつうじて、当事者はもちろん、ケースワーカーの自尊感情が育まれていくことが重要である。

（ア）現場のエネルギーが出る組織目標を立てる

現場のエネルギーが出る組織の目標として、「自立」という概念を広げ、ゴールの多段階化や多様化を前提とした、丁寧に一人ひとりを支えるというきめ細かな支援の方向性を取り入れる。これにより、職場の雰囲気、手ごたえ、達成感が変わってくる。意識改革の観点では、これを基本としつつ、生活支援課の業務を他部局に「ひらいていく」ことにもつながる。

（イ）庁内で連携し、地域力を生かした自立支援プログラムに取り組む

自立支援プログラムについては、各地での実践例の取り込みや、小田原の市民活動の底力を生かすこと、また、既に取り組んでいる学習支援事業の大人バージョンを展開するなど、今後、小田原市民と行政が共に議論し、学び、取り組んでいく。ここでは、当事者が積極的に地域に参加できる場づくりに加え、当事者の抱えている多重的で複合的な問題への対処として、庁内連携や地域の力を借りて展開していくことが大切となる。その際、改善策①の(ウ)で示された機関の活用が有効である。

（ウ）小田原市民が満足するセーフティーネットの実現を視野に入れる

自立支援のやり方を取り入れることにより、組織的な変化は見込まれるが、小田原市の中の社会的分断を踏まえると、その展開に不満を感じる市民が少なからずでてくることが想定される。そこで、困窮する可能性は全ての人が持っており、そのときに必要な支援を得られる、みんなが満足できるセーフティーネットの実現を視野に入れていく必要がある。また、租税台帳との突合など、ケースワーカーの業務軽減をつうじた業務の質的効率化、あるいはケースワーカーと利用者との信頼関係が生みだすことで、不正受給が予防できる可能性が高まる点も丁寧に説明すべきである。

【改善策⑤】市民にひらかれた生活保護を実現する

生活保護行政のあり方の変革において重要なことは、小田原市民と行政とが一緒になって課題解決に取り組むことであり、そこでは、市民と行政との継続的な対話、変革過程の情報公開が必要となる。こうして市民に拓かれた生活保護行政を実現するプロセスにおいて、市役所全体では、生活保護の現場を「女性も働きやすい場所」「異動したくなる職場」にしていくことを目標に据えていくことが重要である。

（ア）生活保護行政に対する市民の理解に向けた情報発信

　生活困窮者に対する生活保護などの制度利用要件の説明や、広く市民に向けた生活保護などの社会福祉に理解を求める情報発信を、広報や市民との対話の場などをつうじて定期的に実施する。このことが、相談を躊躇している生活困窮者のための各種制度の利用を促すことにもつながる。

（イ）市民の意見をくみあげ、市民目線で、市民と行政が一緒になって取り組む

　改善策として提案している、保護のしおりや相談窓口の見直し、自立支援プログラムの展開など、生活保護行政のあり方の変革においては、外部の専門家の意見を聞きながら、市民の意見をくみあげ、市民目線で、市民と行政が一緒になって取り組むことが重要である。具体の取組としては、市民との協働プロジェクトの設置、窓口の対応や説明のわかりやすさなどのアンケートを取り検証することなどが考えられる。

（ウ）生活保護の現場をみんなが異動したくなる職場にする

　小田原市では、生活保護業務に従事する女性職員の比率が異常に少ない。これは、利用者への眼差しと連動している。配属希望についてのアンケート結果では、6割以上の職員は生活保護の業務を望まないとしており、市役所全体の目標として、みんなが異動したいと思える職場、女性もちゃんとそこで働け、また、働きたいと思える職場を掲げ、全庁的課題として位置づけていく必要がある。

（3）改善策の先に見据える生活保護行政の姿

　ひらかれた生活保護行政を実現していくうえでは、生活保護制度に関連することについても言及しておく必要がある。

① 現場のケースワーカーが抱える矛盾

　生活保護制度は、戦後早くに整備されて以来ずっと続き、様々な理想が語られながらも、なかなか理想に近づかない制度である。この制度には、ある種、ケースワーカーに矛盾を押しつける構造となっている部分があるのではないかと考えられる。

　この10年で、生活困窮者自立支援など色々なことが変わってきた。とりわけ、大きな流れとして、生活困窮者への対応は、丁寧に彼らの状況を解きほぐしながら、その人にとってのゴールは何かを探りながら進むことが重要だと考えられるようになった。このような変化のなかで、現場のケースワーカーは、前述した矛盾や分裂のはざまで仕事せ

ざるを得ない状況にあり、本当に苦しんでいる。これをどう変えていくのかは、色々な考え方があるが、ケースワーカーが本来やるべき仕事は何なのかを考え、そのために何ができるのかについて、制度的な区分け、整理も含めて考えていく方向性は守られるべきである。

② 対人社会サービスの充実による生活保護の縮小

生活保護の問題の一番厄介な点は、専門性の向上によって改善できるとはいえ、所得審査や不正の取り締まりをつうじて、人間を疑心暗鬼にしてしまうことである。医療や介護、教育などの対人社会サービスを全体的に充実していけば、じつは生活保護の必要性が減り、疑心暗鬼の領域も縮小していくという。医療扶助、介護扶助、教育扶助などが小さくなるからだ。単純に生活保護の中で完結させて、より良くしていこうという議論だけではなく、生活保護以外の制度とのバランスを考えながら、安心して生きていける社会をどこかで考えなければならない。このことは、次の「分かち合いの社会」の中で議論されるべき問題である。

（4）改善策のフォローアップと「分かち合いの社会」創造の議論への展開

① 検討会における議論の職員や市民との共有

検討会における議論や改善方策の提案については、当報告書の提出から期間をあけずに、職員、さらには広く市民と共有する場（たとえばシンポジウムなど）を設ける。

② 生活保護行政の改善状況の検証

改善策の提案は、即実施できるものだけでなく、実施の成果に期間を要するものもある。そこで、改善策の実施について、早急に必要な検討や体制の整備を行うとともに、本報告書の提出から１年後をめどに、実施状況を検証する場を設け、さらなる改善につなげる。なお、相談者数の増加や辞退廃止数の変化、保護決定の日数など、数字的に変化の確認ができるものは、１年後の検証に際して資料を準備されたい。

③ 「分かち合いの社会」創造に向けた取組への引継ぎ

平成29年度の「分ち合いの社会」の創造に向けた取組（予定）に、検討会の議論を発展的に引継ぎ、財源論や地域との協働を含めた社会的課題への対処を検討・実践する。引き継ぐ内容は、前述の3-(2)-④-ウ、3-(3)、及び予算の執行上実施が難しいもので

あり、その他は、上記3−(4)−②の検証対象とする。とりわけ、保護決定を14日以内に行うこと、保護のしおりについて、暫定版を早急に作成しつつ、あわせて全庁的な見直しを行うことは銘記されるべきである。

4　むすび

　なぜ地方自治体は存在するのか。それは人びとが生きるため、暮らすためのニーズを満たし、現在の、そして未来への不安から人間を解き放つためである。なぜ行政は市民と向き合うのか。それはできないことを説明するためではなく、税を払う顧客だからでもなく、地域に生きる人間と人間のほころびをなくし、喜びと悲しみを分かち合うプラットフォームを作るためである。

　生活保護利用者はみな、地域に生きる市民である。ケースワーカーはみな、市役所と利用者との信頼の結び目である。ジャンパー問題は言語道断の事件である。だが、誰かを幸せにするために誰かを非難するだけでは事態は改善しない。生活保護利用者を含めたすべての人びとが人間らしい生活を保障され、ケースワーカーを含めたすべての人びとがやりがいのある環境で働けることを目指す。私たちが幸福になる道程のために知恵を振りしぼることこそ、人間に与えられた使命であり、責任である。本報告書はこのような想いのもとにまとめられた。

　今回の検討をつうじて、問題の所在、生活保護担当職員の意識改革の重要性と同時に、保護係や生活支援課だけではなく、部局内・部局間の連携、市役所の外部にある多様な主体との連携が必要であることが明らかになった。

　本報告書に書かれたことをすべて実現するとすれば、担当部局や関係部局、そして市民に少なからぬ負担が生じるだろう。それゆえ、職員の標準数の充足が不可欠となるが、それが他部局の職員数削減とつながるとすれば、それは市民にとって不幸なことである。今後は財源論も含めたより厳しい議論が求められる。だが、協働と痛みの分かち合いの先には、行政への市民の不信感が大きくやわらぎ、市民の幸福が格段に増す未来が待っている。必要なのは「実行への強い意志」だけである。

　最後に。今回、市職員のみなさんは、情報を惜しみなく公表してくださった。また、有識者からの追及に近い厳しい指摘に正面から向き合ってくださった。それだけではない。ケースワーカーのみなさんも、日々の仕事に追われるなかで、外部の人間が一方的

に議論をすすめること、それを押しつけることに不安を感じておられたに違いない。

　多くの人びとが、行政は「保身のために情報を隠すもの」「市民の上に立つもの」と考えている。だが、本検討会議をつうじて、人間を疑う気持ちは、人間の誠実さによって拭い去れることを私たちは知った。みなさんの残したこの足跡は、今後の生活保護行政の新しい基準のひとつとなるだろう。みなさんに心から感謝申し上げる。

　戦後の生活保護行政史に新たな1ページを切りひらいたのは、市職員のみなさんのひたむきさである。だが、いまこの瞬間、これらはすべて過去のことになる。ジャンパー問題と今回の議論を跳躍板として、みなさんが小田原市で暮らす人びと、そして全国で同様の問題に苦しむ人びとへの希望の光を灯すのか。あるいは、問題の先送りによって、今回大勢の人が味わった失望を絶望に変えるのか。未来を生きる観察者たちは、みなさんのこれからを静かに見守り、そして厳しく評価を下すだろう。

　つまり、この報告書は終わりではなく、はじまりなのである。生活保護制度への寛容のなさ、さらには生活支援が必要な人びとへの冷淡さが浮き彫りとされたことは、小田原市民にとって悲しいことだったに違いない。だが、私たちの提案を踏み台として、市民と行政とが作り出していく「小田原モデル」が誕生する瞬間を私たちは見届けたい。

　生活保護はもちろん、税務行政や母子家庭への福祉など、さまざまな局面で同様の問題を抱えている自治体もあることだろう。小田原市の問題を対岸の火事とせず、人びとが傷つけ合う悲しい状況が一日も早く改善することを、市民と行政が手を携え合いながら、人間の幸福を追い求めるあらたな第一歩がここにはじまることを、私たちは心から願っている。未来を変えるのは未来の人間ではない。いまを生きる者たちの意志である。

2章 改善された小田原市『生活保護のしおり』

以前のホームページやしおりの問題点と今後の改善のために

田川 英信

> **筆者略歴** 大阪市生まれ。東京都世田谷区職員として、生活保護ケースワーカー、保護係長（査察指導員）を15年以上務めた。社会福祉士。生活保護問題対策全国会議事務局次長。全国公的扶助研究会運営委員。

はじめに

　社会問題ともなった小田原市の「ジャンパー」問題。同市が設置した有識者による検討会で委員が口々に指摘したのは、ジャンパーそのものではなく、憲法や生活保護法に基づいた生活保護業務がなされていないということでした。
　しかし、小田原市だけが問題なのでしょうか。ジャンパーという形があるために小田原市が矢面に立ちましたが、残念ながら「見えないジャンパー」を着ている職員が全国各地の自治体にもいるようです。そのことが、いわゆる「水際作戦」をはじめとした生活保護の違法な運用や人権侵害が全国各地で起きる原因となっているのではないでしょうか。
　私は生活保護問題対策全国会議の一員として、ジャンパー問題で2017年1月23日に小田原市当局に要請した際に、「小田原市を糾弾に来たわけではありません。同様のことが全国各地で起きても不思議ではありません。私自身も制度の理解が足りずにジャンパーを着ていたかもしれないと思っています」と発言

し、記者会見でもその思いを伝えました。

　問題発覚後、小田原市はホームページの記載を改めるとともに、検討会での意見も取り入れて『生活保護のしおり』（正確には『保護のしおり』）を大幅に改訂しました。改訂された『生活保護のしおり』の実物を本章の末尾に掲載しましたので、ご参照ください。検討委員などの指摘を真摯に受け止め、生活保護行政の見直しに本格的に取り組もうと小田原市は足を踏み出しています。検討会での情報公開の徹底と、機敏な小田原市の対応には特筆すべきものがあります。

　抜本的に改善された『生活保護のしおり』を参考にしながら、小田原市の生活保護行政の問題点、その原因、解決に向けた方策について、考えてみます。

ホームページや『生活保護のしおり』はなぜ重要か

　住民が自治体の制度や施策などを知る手段として、自治体の発行している便利帳（行政便覧）やホームページが利用されています。今や、便利帳という紙媒体だけしかない自治体はほとんどなく、インターネットでアクセスできるホームページで自治体から情報提供をおこない、制度や施策を分かりやすく説明するようになっています。

　生活保護は最後のセーフティネットと呼ばれています。制度を利用できない場合には、餓死したり、自殺したり、自暴自棄になって大きな事件を起こしたりすることもしばしばです。生活に困った方を確実に制度利用に導くことは、社会全体の安全網ともなっています。生存権を真に保障するために自治体は、生活に困った方たちがSOSを出す契機にできるよう、気楽に相談できるような広報をおこなうことが求められています。

問題があった小田原市のホームページ

　その点で残念なのは、小田原市のホームページでした。生活保護や貧困問題に詳しい稲葉剛さんの表現では「制度を利用させないような『仕掛け』が満載」

(稲葉剛さんの公式サイト　2017年1月18日の記事　http://inabatsuyoshi.net/2017/01/18/2629) だったのです。

　当時の小田原市のホームページは、「生活保護について」というタイトルを付けながら生活保護制度そのものの説明はなく、逆に、「こういう場合は生活保護を利用できない」というマイナスの情報ばかり書かれていました。また、生活保護を利用する要件ではない扶養義務を要件のように記載していたり、一定条件で保有を認められる居住不動産や保険についても一律に処分を求めていたりと、誤解を招くものでした。

　生活に困った住民がホームページの「生活保護」コーナーにアクセスしても、「制度を利用できない」との情報ばかりが提供され、制度についても誤った理解に導かれているとしたら大問題です。市民が生活の不安を解消できず、生活保護制度の利用をあきらめることは、行政の責任の放棄ともなります。

　さすがに、今回の騒動を契機として小田原市はホームページを大幅に改善しました。そのことは『生活保護のしおり』の改善とともに大いに評価すべきです。

小田原市だけの問題ではない

　実は、小田原市以外のホームページはどうなっているのだろうかと思い、神奈川県下に限らず、全国いくつかの自治体をざっと調べてみました。すると、問題があるのは小田原市だけではないことが分かり、愕然としました。

　ホームページを調べても、生活保護や生活相談に関する記述が全くない自治体もありますし、記述があっても「生活保護」「暮らしが苦しい」「生活できない」などで検索しても出てこない自治体もありました。また、以前の小田原市と同じような生活保護制度についての虚偽の説明や、制度利用させないような仕掛けも散見されました。

　もちろん、ホームページでは詳細な説明はできません。しかし、住民が安心して生活の相談の電話をしてみよう、窓口に行ってみようと思えるような親しみやすい内容のものであるべきでしょう。ところが、そういうものは少なかっ

たのです。

　参考までに。私が考えたホームページのチェックポイントを表にいたしました（表１。次頁参照）。ご自分の自治体のホームページがどのようになっているのか、ぜひお確かめいただき、改善すべきものがあれば、自治体に改善を求めていくことをお勧めします。そのことが生活保護を必要とする人を生活保護の利用から遠ざけることを防止し、住民の悲劇を招かないことになりますし、真に生存権が権利として保障されることにつながります。

『生活保護のしおり』の重要性と小田原市の問題点

　ホームページが初期段階での一般的な情報であるのに対して、具体的に詳細に制度の説明をしているのが『生活保護のしおり』です。多くの福祉事務所では生活相談の段階で、これを使用しながら制度の説明をし、権利性や義務、収入申告の必要性などの一般的な注意点を理解してもらいます。制度に対する正しい理解をしてもらうためには、住民に親しみやすい正確な内容の『生活保護のしおり』であるべきでしょう。

　しかし、小田原市の今回改訂前の『生活保護のしおり』は大変問題のあるものでした。元生活保護利用者で検討会委員の和久井みちる氏が「私が知る中で、一番厳しくかつ分かりにくい」と第２回検討会で指摘したほどです。しかし、実は検討会で和久井氏が目にした『生活保護のしおり』は、ジャンパー問題発覚後に小田原市が自ら修正・改善したものでした。市としては改善したのだから問題がないと思い、自信満々で検討会に提出したはずです。にもかかわらず、他の委員からも次から次と『生活保護のしおり』の問題点が指摘されました。

抜本的に改善された『生活保護のしおり』

　小田原市は、３月末までの４回の検討会での指摘を真摯に受け止め、若手職員の手作りイラストも入れる形で、４月には市民に親しみやすく、正確な内容

表1　ホームページのチェックポイント

ホームページ（HP）のチェックポイント		その理由
検索のしやすさ	「生活保護」で探せるか。「生活　苦しい」「暮らしが大変」などで探せるかどうか	生活保護という単語を知らなくても、相談できるようになっていることが望ましい。中には「生活保護」で検索しても出てこないHPもある。極端な例として、HPに全く生活保護が説明されていない自治体も
クリック数	次から次と画面を切り替える必要がないかどうか	画面をどんどん切り替えないとたどりつかないものも。これでは探すのをあきらめることになる。面倒にならないようなHPが望ましい
権利性	憲法や生活保護法に基づくと明確にしているかどうか	憲法上の権利と明示してあるのが望ましい。少なくとも、こうした場合には利用できないというマイナスのことばかりを表示していると利用を断念することにつながる
無差別平等	要件を満たせば誰でも受けられるとしているかどうか	自分にも可能性があると住民に思わせない内容になっていると断念することになりかねない
目的	「生活の保障」と「自立の助長」を目的と明示しているかどうか	「一日も早く」自立できるようにという文言を挿入している自治体も多い。生活保護法にはそんな記載は無い。これでは保護利用をマイナスに感じてしまう
保護の要否	働いていても、年金受給中でも、保護基準より下回っていれば利用できるとしているか。医療費等がかかる場合にはそれも含めて保護の要否判定をすると示しているか。できれば図で示しているか	生活保護は就労収入や年金収入があっても利用できる。また医療費や通院交通費、介護費等も含めて保護が必要かどうか判断している。また就労収入には控除（収入としてみないもの）がある。これらが知られていない。目で見て分かりやすいように図で示していることが望ましい。また、少なくとも広く相談を呼びかけるスタンスであることが望ましい
資産	居住用不動産や、少額の保険、自動車、バイク等は保有が認められる余地があると示しているか	多くの自治体で、資産をすべて処分しなければならないと間違った説明をしている。保有が認められる資産も多いのに、誤解から制度利用を断念している実態がある
扶養義務	扶養を保護の要件と誤解するような書きぶりになっていないか。また扶養照会をしない場合もあるとの明示をしているかどうか	親族にまず相談をするように、扶養可能かどうか確認するように等の誤った説明をしているHPも。また扶養照会は期待可能性がある場合に限られているのに、全て照会するかのように説明しているところがある
相談・申請に必要な書類の案内	生活保護の相談・申請には必要な書類は特別ないとしているかどうか	申請後の調査で、世帯収入や資産の状況が分かる書類を提出すれば足りるのに、全て揃えてからの相談しか対応していないところがある
生活保護のしおり	HPで見られるかどうか	HPには詳細な情報は載せられない。しかし、保護制度を詳しく知ることができることが望ましい

厚生労働省のホームページ〈参考〉	その評価
「生活保護」の検索で、検索上位に出てくる画面に「生活保護制度」がある。制度の趣旨、相談・申請窓口、生活保護を受けるための要件および生活保護の内容、生活保護の手続きの流れ、相談・申請に必要な書類、生活保護制度に関するQ&Aの項目が出てきて、詳細を知ることができる	分かりやすい。また他制度・施策に比べても充実している
クリック数は少ないので親切。詳細を知るために、ひとつ展開していけばよいので楽	生活保護制度という単語さえ知っていれば、容易に内容を知ることができる
憲法・生活保護法という文言はないが、「資産や能力等すべてを活用してもなお生活に困窮する方に対し、困窮の程度に応じて必要な保護を行ない、健康で文化的な最低限度の生活を保障し、その自立を助長する制度」と説明している	憲法上や法律上の根拠をあえて記載していないのだろうか。残念である
生活保護制度に関するQ&Aの6で「生活保護の要件を満たす限り、誰でも無差別平等に受けることができます」とする	Q&Aの中ではなく、さらに前の段階で明示されていれば、さらに良い
「困窮の程度に応じて必要な保護を行ない、健康で文化的な最低限度の生活を保障するとともに、自立を助長することを目的」としている	制度利用に抵抗感を与える「1日も早く」という文言は当然ない。評価できる
厚生労働大臣が定める基準で計算される最低生活費と収入を比較することを明示。収入が最低生活費に満たない場合に、最低生活費から収入を差し引いた差額が支給されるとの文言とともに図でも示されている。生活保護制度に関するQ&Aの9で、就労収入があっても要件を満たす限り、「生活保護が受給できる」としている。	保護の要否判定に何が入るかまでは説明がない点は残念ではあるが、福祉事務所への相談を案内しているため、悪い内容ではない。
「資産の活用」で、「生活に利用されていない土地・家屋等があれば売却等し生活費に充てて」と、居住用不動産が認められる場合もあることを説明。また、生活保護制度に関するQ&Aの7で自動車の保有について説明	多くの誤解がある生命保険、原付バイクについての説明がないのが残念
要件と誤解される記載ではない。ただ、「扶養義務者の扶養は、生活保護法による保護に優先します」とし、「親族等から援助を受けることができる場合は、援助を受けてください」とだけの説明	親族に知られることや、迷惑をかけるのではと怖れたりする方が多いという実態からすると、扶養照会を絶対にするものではないという説明があるのが望ましい
「生活保護の申請にあたっては、必要な書類は特別ありません」とし、「生活保護制度の仕組みや各種社会保障施策等の活用について十分な説明を行なうためにも、生活保護担当窓口での事前の相談が大切」とする	申請後の調査段階で「世帯の収入・資産等の状況がわかる資料(通帳の写しや給与明細等)を提出していただくことが」あると明示しており評価できる
しおりを作成するのは国ではないから、当然見られない	10のQ&Aを掲載することで、分かりやすくしようとする努力がみられる

の『生活保護のしおり』（以下、『しおり』）を作成しました。この素早い対応には私も驚きました。

　小田原市の取り組みを注目している弁護士や支援者たちも、大幅に改善された『しおり』を高く評価しています。主な特長は以下の十数点にまとめられます。

① 全ての漢字にルビをふったり、職員手作りのイラストを入れたりと、分かりやすく、親しみやすいものとしたこと。
② 1頁（以下、『保護のしおり』の頁数）の「生活保護とは」では、憲法上の権利であることを明確に記していること。
③ 1頁の「生活保護の目的」では、神奈川県下でもかなり多くの自治体が、「1日でも早く自立した生活が送れるよう支援」としているところ、目的から「1日でも早く」を除いていること。法律上、「1日でも早く」などと、圧迫をかけるような文言はありませんし、これを入れることで制度利用を考える人が保護制度の利用は望ましくない制度と思いこんでしまう可能性が高くなります。
④ 2頁の「相談（生活にお困りになったら…）」のところで、「プライベートな部分もあるため、お話は可能な範囲で構いません」と、住民への配慮がにじむ表現となっていること。
⑤ 2頁の「申請（意思があればどなたでも）」で、必要があれば「職権（職員の判断）で保護の利用を開始」と明記することで、生活に困っている方がいれば、行政は生活保護により積極的に救済するという姿勢を示していること。同時に「意思があればどなたでも」と広く申請可能だということを周知していること。
⑥ 2頁の「生活保護と資産の関係」では、居住用の不動産は原則保有が認められる、自動車やバイクも保有が認められる場合があると、これまでの『しおり』が必ず処分をしなければならないという誤解を招くものだった箇所を改めたこと。
⑦ 3頁の「扶養義務について」では「援助可能な親族がいることによって、保護の利用ができないということにはなりません」「DV（家庭内暴力）や

虐待など特別な事情がある場合には、親族への照会を見合わせることもある」と明記し、親族に迷惑をかけるのでは、連絡されてしまうのでは、という制度利用の壁を崩す姿勢となっていること。
⑧ 3頁の「結果通知」では、保護利用の可否の結果は法定の「14日以内」におこなうと明記していること。
⑨ 5頁では「臨時の保護費」として例示をすることで、「一時的な扶助」の存在を明記していること。
⑩ 5頁で、行政不服審査請求の教示をしていること。
⑪ 6頁で、高校生のアルバイト収入について、高校の費用や塾代、入学金などに充てれば、収入として認定しないことを示していること。
⑫ 7頁で、地区担当員(ケースワーカー)の役割として、問題解決や自立のため「一緒に考え、手助けする者」と、寄り添う姿勢を明確にしていること。
⑬ 一貫して制度の「利用」という表現で貫かれており、受け身的な「受給」という単語を使用していないこと。検討会の報告書でも同様に「利用」「利用者」と表記していることを受けてのものと思われます。おそらく全国でも初めてではないでしょうか。当事者主体の表現として大いに評価されるべきです。

この抜本的に改善した『しおり』を市はホームページで公開もしています。そのことで、生活に困った方が安心して相談し、制度を利用できるように導くことのできる素晴らしいものとなりました。

できればさらに『生活保護のしおり』の改善を

素晴らしい内容となった小田原市の『しおり』ですが、実はまだ改善が必要です。小田原市も、改訂を完結したわけではなく、さらに充実する予定のようですが、本稿執筆時点の『しおり』で改善が望まれる点を指摘すると、

① 2頁の「生活保護と資産の関係」で、生命保険には保有が認められる場合

があるにもかかわらず、全て処分する必要があると誤解されかねない点。いったん解約したら、同じ条件では保険の再加入ができないでしょうから、大きな痛手となる場合もあります。
② 3頁の「保護のしくみ」の収入の部分で、基礎控除や必要経費の控除をするために保護基準より高い給与額の方も保護対象となるのにもかかわらず、「就労収入」とだけあるために、給与額そのものと誤解されかねないこと。これにより制度の利用を諦めることになりかねません。
③ 国保証が回収されるため、利用者にとって一番関心が高いと言っても過言ではない「医療機関の受診」についての説明が全くないこと。利用者の不安を解消できませんし、制度の説明で欠かせない重要点です。

があります。
　ホームページや『しおり』について、担当職員、特に保護係長が、現行のもので問題がないかどうか点検・確認し、改訂をする機会が毎年あります。今後、さらに素晴らしい内容のものとなるはずです。
　同時に、小田原市以外の神奈川県下の自治体の『しおり』をいくつか入手しましたが、まだまだ問題のあるものが数多くあります。少なくとも、ホームページで公開されている小田原市の『しおり』を参考にすることは簡単にできることです。また、私なりのチェックポイントを『しおり』についても表にしてみました。参照いただければ幸いです（表２）。

　皆さんも、地元の自治体の『しおり』がどのような記述になっているのか、そこに制度を利用させないような「仕掛け」がないかどうか、小田原市のものを参考にしながら比較してみてください。もし問題がある記述があれば、その是正を求めていきましょう。
　なお、『しおり』をホームページで公開するだけでなく、役所の窓口の見えるところや、地域の集会施設や図書館などに置くようにすることも、住民が制度利用につながるためには必要です。その視点でも、改善を求めていきたいものです。

表2　生活保護のしおり（てびき）チェックポイント

	しおりの内容	その理由
1	相談すべき場所・電話番号が書いてあるか	基本ですね。こんなことも書いていない自治体があります。できれば、安心してご相談を、と呼びかけていることが望ましい
2	憲法25条、生活保護法という法的根拠が記載されているか	単なる「施し」「お恵み」ではない。憲法上の権利であることを周知することが望ましい
3	要件があれば誰でも受けられるとの記載が、冒頭や目立つところにあるか	利用をためらう方が多い現状を改善する必要がある。そのためにも相談してみようと思えるような内容・語りかけが望ましい
4	健康で文化的な生活という文言が記載されているか	単なる「最低」の生活ではない。人間らしい生活を保障するのが憲法上の要求であり、これを守るのが自治体としての責務でもある
5	生活保護を利用する人の権利が先に書かれているか	まず、義務を説明している自治体が多い。それでは、気軽に相談してもらえない
6	申請するのは誰かの記載があるか	申請保護の原則とはいえ、本人だけでなく、扶養義務者やその他の同居の親族も申請が可能という周知が必要。場合により、職権でも開始すると書いてあれば、なお素晴らしい
7	相談から保護開始までの説明が記載されているか	相談者の不安を解消するには、手続きの流れを示すことが大事
8	保護決定は原則として14日以内、長くとも30日以内の記載があるか	原則14日以内という法定期間を守っていない自治体がある。開始してもらえるかどうか、不安におののいている相談者の不安を解消するため
9	資産活用について正しく説明しているか。居住用不動産、生命保険・学資保険、125cc以下の原付は保有が認められる場合がある。場合により自動車も保有が認められると書かれているか	資産を一切認めず、すべて処分しなければならないかのような「しおり」が目立つ。住民に誤解されないような記述にすることで、保護利用の抵抗感をなくすべき
10	稼働能力の活用と就労支援について、正しく説明しているか。また職業訓練を受けることなどもできると記載されているか	働ける場合には、その能力に応じて働くことが求められるにしても、雇用情勢を見る限り、技術や資格などがないとなかなか就職は厳しい。それを支えるという姿勢を示すことが「支援」につながる
11	扶養義務について正しく説明しているか。保護の要件ではない。保護に優先するとは、扶養（仕送り）があればその分、保護費を減らすという説明をしているか	扶養を親族に相談することを何より求めるということは誤り。保護に優先するということを、扶養義務の履行の確認がないと保護開始できないかのように説明したり、必ず扶養照会をすると誤解されるような記述が多くある
12	他法他制度の活用について説明しているか	年金や手当、障害者手帳などの手続きが求められることを説明すべき。できれば、それにより加算がついたり、収入認定除外されたり、と有利になることも説明してあればなお適切
13	保護の種類と内容の説明がされているか	8つの基本的な扶助があり、さまざまな支援が受けられることを知ると、今後の生活に不安を抱かないで済む。そのことが今後の寄り添う相談につながる

14	保護の基準額、加算、具体例が記載されているか	生活に不安を抱えているため、今後の扶助がどれくらいなのかが知りたい相談者は多い
15	最低生活費と収入の差額が支給されることを図で説明しているか	制度の理解が難しいため、最低生活費と収入の差額が支給されることが図で説明されていることが望ましい
16	一時扶助、とりわけ通院交通費の支給の説明があるか	一時扶助にはさまざまあり、支給できる場合をすべて説明するのは困難。とりあえず、一時扶助の存在を周知することが必要。とりわけ、通院交通費の支給については厚労省から周知せよとの通知も出ている
17	治療材料（眼鏡やコルセットなど）が作れると説明しているか	一時扶助できることの周知が必要。できれば事前に相談を、と呼びかける形が望ましい
18	収入認定についての説明があるか	基礎控除、経費の控除があることを知ると、就労の意欲が出てくる可能性がある
19	高校生のアルバイト収入について、特段の記載があるか	高校生の場合にも収入申告の義務があるというだけでなく、未成年者控除もあり、高校生活の不足費用や大学などの入学金に充てることで収入認定されないということを積極的に示すことで、学費などの不安を減らすことができる
20	保護費の支給日や支払い方、一時扶助の支給方法が記載されているか	今後の生活設計のためには、支給日や支給方法を知ることが大事。とりわけ一時扶助という存在を改めて周知し、やりくりへの不安をなくすことが大切
21	病気になった時、医療機関にかかる時の説明があるか	国保証が利用できなくなり不安。保険適用の範囲内なら医療を受けられること、その方法（医療券）についての説明が不可欠
22	介護の必要性が出た場合の説明があるか	介護保険の利用、65歳未満の特別な生活保護の対応について説明することが望ましい
23	他制度の減免の記載があるか	生活保護の利用で受けられる減額・免除の数々を明記することで、手続きの漏れを減らせ、不要な支出を抑えられる
24	自立への支援についての説明があるか	自立支援プログラムを実施している福祉事務所が圧倒的。その説明をすることで、利用者が支援を求める動機付けができる
25	担当員の守秘義務について説明しているか	秘密が守られるということでないと、安心して相談できない
26	義務が正しく書かれているか	どういう義務があるかを周知するべき。そのうえで、届け出が必要な場合を示す。とりわけ収入申告の漏れは「不正受給」と扱われることの周知が必要
27	福祉事務所の指示に従うことが明記されているか	どのような場合に福祉事務所から指導・指示があるかを説明しておくこと。同時に必要な範囲でしか指導・指示しないことの明記が望ましい
28	海外渡航についての注意書きがあるか	基本的に海外渡航をすると収入認定されるが、例外がある。これを周知しておくことでトラブルが防げる

29	保護費の返還について記載があるか	収入の変更や入院などにより、返還金が生じる場合があることを事前に周知しておくことが望ましい
30	不服がある時の救済について触れているか。行政不服審査請求や訴訟についての説明があるか	決定処分に不服の場合には、不服審査請求ができ、さらには訴訟もできるということの教示があってはじめて権利行使できる

自治体の本来の役割・仕事は

　地方自治法は、「地方公共団体は、住民の福祉の増進を図ることを基本」としています（法第1条の2）。生活保護でいえば、保護を必要とする全ての人に生活保護の適用で生活を支えて支援する、これが本来の姿であるはずです。ところが、日本の生活保護は捕捉率（本来、生活保護を利用できる人のうち、利用している割合）が2～3割程度と低く、行政側が窓口で申請を受け付けない「水際作戦」が未だに横行しています。

　この点で衝撃的だった事件のひとつが、2014年9月の千葉県銚子市の母子世帯の無理心中事件でした。県営住宅の家賃を滞納したことで強制退去を求められ、母親が中学生の娘を殺害し、自分も死のうとしたのです。のちに明らかになったのは、所得が低いために本来ならば家賃が減免できるのに県は教示していなかったこと、遅れがちながらも家賃は支払われており、もし家賃減額が適用されていれば滞納は全くなかったこと、退去を強制執行するまで県は全く母子世帯に接触せずにいたこと、国保証を失効するなど生活に困窮した母が2度も生活相談に福祉事務所を訪れたのに生活保護の利用につながらなかったことです。

　自治体職員が住民のための仕事をしていれば、こんな悲劇は起きませんでした。憲法に書かれている生存権は絵に描いた餅なのでしょうか。憲法上の権利である生活保護が、住民に行き届かないのは何故でしょう。

　生活保護職場で働いてきて、しばしば耳にしたのが「保護だけは利用したくない」「保護を利用していることは絶対に知られたくない」という住民や利用者の思いです。この状態を改善することが求められています。

自治体は改善のために何をしなければならないのか

　ジャンパーなどの問題は小田原市で起きましたが、全国どこの自治体で起きても不思議ではないと考えています。それは、ホームページや『しおり』に問題がある自治体は他にもたくさんありますし、のちに述べるように、生活保護の処分決定に対する行政訴訟で、原告である住民側が勝利することがしばしばあるからです。

　生活困窮者自立支援法が施行されたことで、その事業の利用によって生活保護の利用をせずに生活の立て直しができる場合があります。そのことは多重のセーフティネットの構築として評価すべきことです。しかし注意すべきは、生活困窮者自立支援法を「水際作戦」ならぬ「沖合作戦」、すなわち生活保護に行きつかせないための手段として悪用している自治体もあることです。

　生活の相談は必ず生活困窮者全体の相談窓口を経由しないことには受付をしなかったり、そちらを経由することを強いているにもかかわらず、たとえ既に要保護状態であっても、実際に生活保護の窓口に来所した日を相談日とし、保護申請はその時点でしか認めなかったりなど、数々の問題点が浮かび上がっています。

　先に述べた銚子市の例だけではなく、「水際作戦」「沖合作戦」という言葉に象徴されるように正しくない生活保護の運用をしたことで、餓死や自殺に追い込まれた例はたくさんあります。小田原市問題を教訓に、今こそ、全国の自治体が生活保護の運用を改善することが求められています。

　そういう違法・不適切な運用や人権侵害を生んでいる原因のひとつは、何よりも生活保護の実施体制が非常に脆弱だということです。

　生活保護の実施体制の問題点の第1は、職員の質の担保ができていないことです。そもそも、社会福祉法では「福祉事務所には『社会福祉主事』を置く」としています（法18条）。そして、「社会福祉主事」とは「年齢20歳以上、人格が高潔で、思慮が円熟し、社会福祉の増進に熱意があり、下記各号にいずれかに該当するもの」と定めています（法19条）。

① 大学・専門学校等で、社会福祉に関する科目を修め卒業した者
② 知事の指定する養成機関・講演会の課程を修了した者
③ 社会福祉士
④ 社会福祉事業従事者試験に合格した者
⑤ 上記と同等以上の能力を有すると認められる者として省令で定める者

　ここで注目したいのは、「人格高潔・思慮円熟・福祉増進に熱意」という基本的な素養を社会福祉法が求めていることです。しかし、生活保護職場にそのような人事配置をしていない自治体が圧倒的多数でしょう。
　また、上記①にいう「社会福祉に関する科目を修め」と言っても、広い意味で社会福祉に関わる科目を３つ以上修めているというものです。この科目には、たとえば法学、民法、行政法、経済学、経済政策、社会政策なども含まれています。ですので、福祉専門科目について全く履修していなくても、大学の法学部や経済学部を卒業していれば、ほとんどの人が任用資格を持つのです。
　このように、「社会福祉主事」任用のハードルはけっして高くないにもかかわらず、現実には任用資格がない職員が４分の１を占めています。さらに最近は増えてきたものの、国家資格である上記③の「社会福祉士」を取得している職員は10人に１人しかいません。つまり、専門的な素養のある職員が配置されている訳ではないのです。

　第２に、研修体制の不備です。生活保護の業務は、医療・介護・障害・年金など他の法律や制度に精通していることが求められています。また、面接技法や福祉的視点を身に付けていることも必要です。ところが、研修体制が充分ではなく、先輩が実地で指導することが中心となっています。福祉のことが分かっていない人が、後輩を指導するため、誤った認識が受け継がれているのです。

　第３に、異動年限が短いことです。自治体によっては、新採用者を保護職場に配置し、１年で異動させるところもあります。全国的な平均でも３年程度で異動していきます。専門性があり、経験が求められる業務でありながら、この

ような短期間で異動していくと、経験が蓄積されず、制度について正しい理解ができないままの体制が続くことになってしまいかねません。

　第4に、自治体職員の総定数抑制という国の方針もあって、生活保護の職員数が都市部を中心に足りていないことです。都市部では、標準数は80世帯とされていますが、それを守っていない自治体が多く、1人で百数十世帯を担当することすらあります。これでは、日常業務に追われて、利用者の相談を充分に聴き取ることもできません。慢性的な人員不足と過重労働、改善されない労働環境など厳しい状況の中、メンタルヘルス不全を起こす職員が多いのです。

　このような脆弱な実施体制を強化すること抜きに、正しい生活保護制度の実施と運用を期待することは困難です。
　同市の場合も例外ではなく、2015年度までは1人のケースワーカーの担当が100世帯を超えることも多く、2016年度はケースワーカーが増員され90世帯となっていました。また、福祉専門職資格取得率は低く、2016年度では、精神保健福祉士、臨床心理士資格者は皆無であり、社会福祉士有資格者は査察指導員（SV）で4名のうちの1名、ケースワーカーでは25名中2名（8％）となっていました。

監査の主眼点を変えることも必要

　福祉事務所は、毎年都道府県（政令指定都市の場合は市本庁）による事務監査を受けています。そして、一部の福祉事務所には、厚生労働省が直々に事務監査をすることがあります。少なくとも神奈川県が毎年監査をしていながら、どうして小田原市の違法・不適切な運用を見逃してきたのでしょうか。しかも、検討会の場での市当局の発言によると、これまで県の事務監査でも良好な運営状況という評価を受けてきたとのことでした。
　監査が監査機能を充分に発揮していなかった原因は、不必要な保護をしていないか、ということが県の監査の主な着眼点になっていたからではないかと思

います。もし、必要な住民にきちんと保護制度の利用がされているのかという観点で監査を実施していれば、おそらく数々の問題点が指摘されていたはずです。

　福祉事務所の実施体制を強化するための有効な方策として、事務監査（指導検査）の着眼点を根本的に変えることが必要です。すなわち、濫給防止（不必要な保護利用がないか）ではなく、漏給防止（必要な住民が保護制度の利用をしているか）を主眼とした監査に変えるべきです。たとえば、東京都では監査の重点のかなりの部分を、違法・不適切な運用がないかということにあてています。そして、都内の福祉事務所に対し、口頭や文書での指摘をしています。残念ながら、その都内でも違法・不適切な運用がない訳ではありませんが、保護実施水準は比較的高いと言われています。

　ある年の監査で都の係長が「濫給・不正受給を防止するという意識ばかりが強いと、生活保護が必要な方をはじいてしまうことにもなる。それはまずい。たしかにも濫給や不正受給は良くないこと。だが憲法違反ではない。しかし、漏給は憲法違反だ」と監査の講評で話されたことがありました。実に含蓄のある言葉として、今も心に残っています。

厚労省も姿勢を改めるべき

　そもそも行政訴訟で、住民側が勝訴することはほとんどありません。ところが生活保護に限ると、2～3割の確率で住民側が勝訴しています。これは、裁判所も認めざるを得ない違法・不適切な生活保護の運用が各地でなされていることの証左でしょう。この根本的原因には、厚労省が濫給防止を主眼として監査を実施していることがあります。私自身が経験した厚労省監査でもそうでした。一応、監査項目に漏給防止もありますが、実際には濫給防止一点張りの監査でした。

　ところで皆さんは、厚労省が直々に監査をする福祉事務所をどのように選んでいるか、ご存知でしょうか。たとえば、金銭やケース記録・保護台帳の紛失などの不祥事があった所です。これは理解ができます。ところが、それだけで

なく、保護率が上昇している所を狙って監査を実施している実態があります。これは保護率を上げたくないという厚労省の根本姿勢の表れです。

その点で象徴的なことは、2006年に初めて全国の福祉事務所長を一堂に集めた会議での厚労省の姿勢です。同じような人口規模、産業構造の自治体を比較し、保護率の高い所は仕事をしているのか！と名指しで批判したのです。

これには本当に驚きました。貧困が拡大している中、本来求められている仕事をすれば保護率は上昇します。上昇しない自治体は、もしかして水際作戦など不適切・違法な運用をしているからかもしれません。それなのに、保護率が高い自治体を「仕事をしていない」と一方的に批判したことで、自治体側は保護率を上げないような取り組みが求められていると考えるのも不思議ではないと思います。

もう一つ具体例を挙げると、2008年6月にホームレス状態の方がアパートなどでの居宅保護による生活保護を求めた保護申請に対して、新宿区福祉事務所長が「稼働能力不活用」（生活保護法4条1項）を理由に保護申請を却下した事件（提訴が同年7月7日だったので「新宿七夕訴訟」と呼ばれています）に対しての厚労省の対応です。

訴訟では、新宿区福祉事務所の決定が違法だとして行政側の敗訴が確定しました。この原告は新宿区で申請却下された後、板橋区に同様の申請をおこない保護が開始されました。ところが厚労省は、問題のある決定をおこなった新宿区ではなく、救済した板橋区に厚労省監査を実施したのです。違法な運用を糾弾せず、救済した自治体に監査に入る、この厚労省の姿勢を抜本的に改める必要があります。

おわりに

地方自治体の任務を自覚し、公務労働者として住民のために良い仕事をしたいと多くの職員は考えているはずです。しかし、充分な研修も受けずに配置されるために、利用者を「財政を浪費する不届き者」だとして、彼らに保護を利用させないようにすることを「正義」だと考えてしまう保護担当職員もいます。

小田原市はジャンパーという明らかな形があるために問題が発覚しましたが、「目に見えないジャンパー」をまとっている職員は全国各地にいるのではないでしょうか。

　最近、専門性を重視し、福祉職採用をおこなう自治体が増えています。しかし、希望に燃えて入職した自治体職員が、いつの間にか住民を苦しめる存在になり、働き甲斐を見い出せなくなってはいないでしょうか。それは職員にとっても残念ですが、何より住民にとっては悲劇となります。そうならないために、地方自治研究活動などで自主的・主体的に学ぶことも大切だと思います。また、私が所属している全国公的扶助研究会のセミナーなどに参加すれば、井の中の蛙から抜け出す契機ともなり得ます。

　生存権を本当の権利にするためには、福祉事務所の実施体制の強化が必要です。それとともに、自治体のあらゆる現場、たとえば税の滞納整理・差押や、国保証の取り上げなど、さまざまな問題で、住民のために良い仕事をすることが求められています。

　小田原市が生活保護のみならず、全ての業務についての抜本的な改善に踏み出そうとしていることを注視するとともに、他山の石として全国の自治体が業務改善に踏み出すよう、これからも声を上げていきたいと考えています。

保護のしおり

この「しおり」は生活保護の制度について
説明したものです。
わからないことや、相談のあるかたは
お気軽に市役所2階15番窓口（生活支援課）まで
お声かけください。
また、電話によるお問い合わせも可能です。
（☎0465-33-1463）

小田原市福祉事務所
（小田原市役所　生活支援課　保護係）

小田原市のホームページから転載
http://www.city.odawara.kanagawa.jp/global-image
/units/307208/1-20170602164459.pdf

生活保護について

○生活保護とは

　年金や給与などの収入が世帯ごとに決められる「最低生活費」を下回るかた（世帯）で、自分の資産や能力、さまざまな制度を活用しても生活を維持することができないかた（世帯）に対して、国が「健康で文化的な最低限度の生活」を保障する日本国憲法第25条や生活保護法で定められた制度です。

○生活保護の目的

　生活保護は、資産や能力を活用しても生活に困るすべてのかたに対し、困窮状態に応じて必要な保護を行い、その生活が保障されるとともに、自立した生活が送れるよう支援することを目的とします。

生活保護利用までの流れ

　さまざまな理由で、生活が成り立たなくなってしまうことがあります。そんな時には、福祉事務所に一度ご相談ください。生活保護の利用だけでなく、そのかたがたの問題解消のため、ご協力いたします。
なお、生活保護の利用の際には、以下の手続きを経ることとなります。

1 相談 お住まいの地域の福祉事務所に相談し、お困りの内容をご相談ください。

2 申請 生活保護の申請意思のあるかたは、生活保護を利用するための申請書類を提出します。

3 調査 生活保護の申請をされますと、調査員が生活状況、資産状況などを調査します。調査の結果、生活保護が利用できるかどうかを審査します。

4 利用開始 生活保護の利用が決定したら、保護費の支給が始まります。また、ケースワーカーによる自立に向けた支援が開始されます。

それでは、上記1～4の流れに沿って説明していきます。

2章　改善された小田原市『生活保護のしおり』

保護のしおり

1 相談（生活にお困りになったら・・・）

　生活に困っている、生活保護を利用したいと思ったら、福祉事務所に相談しましょう。相談時には、生活状況や資産状況、ご親族との交流状況などを確認させていただきます。プライベートな部分もあるため、お話は可能な範囲で構いませんので、お気軽にご相談ください。相談の中で、生活保護の制度について詳しく説明を聞き、生活保護の利用が必要な場合には申請をしてください。また、来所だけでなく、電話での相談もできます。

2 申請（意思があればどなたでも）

　生活保護の利用には、本人の意思で申請することが必要です。生活保護の申請は、福祉事務所へ申請書類を提出します。福祉事務所にも申請書類がありますので、お受け取りいただき、記入してください。また、申請に伴い、調査に必要な書類や資産状況を確認できる資料なども求めることがあります。
　なお、何らかの事情で本人が申請できないときは、親族などが代理で申請することもできます。
※明らかに窮迫した状況にあるときは、本人からの申請がなくても、福祉事務所が職権（職員の判断）で生活保護の利用を開始する場合もあります。

3 調査（調査内容と制度について）

　ここでは、生活保護の決定に関わるものについて説明していきます。

●生活保護と資産の関係
　生活保護の申請をされますと、銀行や生命保険会社などに資産調査を行います。預貯金、生命保険、土地家屋、自動車、高価な貴金属など売却や活用が可能な資産がある場合には、その資産を売却して最低生活費に充てていただくこともあります。
　ただし、居住用の不動産は原則として保有が認められますし、個別の事情によっては、自動車やオートバイの保有が認められる場合もありますので、ご相談ください。

●能力の活用
　働ける能力があるかたは、その能力に応じて働く必要があります。ただし、病気や障害、その他の理由で働けないかたは、その問題解決を優先とします。

❷

● 扶養義務について

　親、子ども、兄弟姉妹などの民法上の扶養義務のあるかたから援助を受けることができる場合は受けてください。
　なお、親族の扶養は、可能な範囲の援助を行うものであり、援助可能な親族がいることによって、生活保護の利用ができないということにはなりません。
　また、ＤＶ（家庭内暴力）や虐待など特別な事情がある場合には、親族への照会を見合わせることもあるため、事前にご相談ください。

● ほかの制度の活用

　生活保護以外にも年金、各種手当、医療助成、社会保障制度など、生活を支えるためのさまざまな公的な制度があります。活用が可能な制度がある場合には、それらを優先して活用していただきます。

● 生活保護のしくみ

　さまざまな調査をしたあと、生活保護の利用ができるかどうかの審査を行います。
　審査にあたっては、生活費や住居費、医療費などで算定される最低生活費（世帯単位）と世帯の収入（給料、各種手当、養育費なども含みます。）を比較して判定します。下図のように、最低生活費に対し、世帯の収入が不足する場合は生活保護を利用し、不足部分を補います。自分で得ることができる収入が最低生活費を超える場合には、生活保護の利用はできません。
（例）

最低生活費（世帯の人数や年齢などによって決定されます。）	
世帯の収入（就労収入、年金、手当、仕送りなど）	不足してしまう生活費

生活保護費

※保護費は、世帯員の年齢や人数、その世帯の収入額、冬季の暖房費、家賃額などで決定されますので、常に一定のものではありません。

● 結果通知

　以上のような調査が行われ、申請した日から原則として14日以内（特別な事情で調査に時間を要する場合には最長で30日以内）に生活保護の利用ができるかどうかの結果が通知されます。

保護のしおり

4 利用開始（生活保護が始まったら…）

生活保護の利用が決定したかたには、担当するケースワーカーが自立に向けた支援を行っていきます。

●生活保護の種類　生活保護を利用するかたは、生活上の必要に応じて、次に掲げる扶助を受けられます。

❶生活扶助

衣食、光熱費など日常生活の需要を満たすために必要な費用を個人の年齢、また世帯の人数などで算定されます。

❷住宅扶助

家賃、地代、住宅の補修などの費用が定められた限度額内で支給されます。
※公営住宅の家賃については、原則として市が直接納付します。

❸教育扶助

子どもが義務教育を受けるための学用品、給食費など最低限必要な経費が支給されます。

❹医療扶助

医療費は現物支給となるため、保険適用内のものについては、自己負担が発生しません。また、治療材料や施術なども要件にあてはまるものについては、支給可能なものもあります。

❺介護扶助

介護認定を受けているかたが介護サービスを受ける際の1割の自己負担分が支給されます。こちらも現物支給となるため、自己負担が発生しません。なお、介護サービス（住宅改修、福祉用具購入を含む）の利用希望がある場合には、福祉事務所へご相談ください。

❻出産扶助

出産にかかる費用について、限度額内で支給されます。

❼生業扶助

高等学校にかかる費用や就職するために必要となる技能、資格習得にかかる費用が支給されます。

❽葬祭扶助

世帯員が亡くなった際に必要な葬儀費用などについて、限度額内で支給されます。

○保護費の支給方法

①毎月の保護費

保護費は、原則として毎月5日（5日が土日、祝日に当たる場合は、その直前の平日）に指定の金融機関へ振り込みを行います。

②臨時の保護費

アパートの契約更新料や通学定期代など、臨時で必要となる一時的な保護費については、翌月分の保護費に合わせて支給するか、臨時的に支給することもできます。

●生活保護を利用するかたの権利

生活保護を利用するかたには、次のような権利が保障されます。

1. 条件を満たせば、すべてのかたが平等に生活保護を利用できます。

2. 正当な理由なく、保護費の減少や生活保護を利用できなくなるようなことはありません。

3. 受け取る保護費や保護の物品に対して、税金がかけられたり、差し押さえられたりすることはありません。

※生活保護の変更、停止、廃止などは文書でお知らせしますが、決定の内容に不服があるときは、その決定を知った日の翌日から起算して、3か月以内に県知事に対して、審査請求することができます。

●生活保護を利用するかたの義務

1. 生活向上に向けた努力をする

働けるかたはその能力に応じて、働いて収入を得ることができるよう努めてください。病気やけがで働けないかたは、病院を受診し、治療に専念してください。

2. 保護費を支給目的のために使う

住宅の家賃、給食費や教材費などの学納金は、それぞれの使途のために支給しているものですので、滞納などがないようにしてください。家賃や学校給食費などを滞納された場合は、代理納付として福祉事務所が債権者に直接振込を行うことがあります。

3. ケースワーカーの指示に従う

ケースワーカーから、生活保護の目的の達成に必要な指示や指導を受けたときは、これに従わなければなりません。

2章　改善された小田原市『生活保護のしおり』

保護のしおり

●届け出が必要なもの
生活状況に変化があったときは、保護費を調整する必要があるため、必ず報告をしてください。

世帯状況に変化があったとき（例）
・住所が変わるとき（転居などについては必ず事前に相談をしてください）
・家族に変化があったとき
　（出生・死亡・転入転出・入退学・休学・卒業・入退院・事故・結婚など）
・就職や離職をしたとき
・健康保険の資格を取得や喪失したとき
・帰省などで家を長期間留守にするとき
・生命保険などの加入、解約、名義変更をしたとき
・家賃・地代が変更されるとき
・その他生活状況に大きな変化があったとき

収入に変化があったとき（例）
・毎月の給与を受け取ったとき、また、賞与収入があったとき
・年金などの公的手当があったとき
・生命保険の入院給付金や解約返戻金があったとき
・交通事故の慰謝料、補償金などがあったとき
・債務整理（個人の借金を整理すること）による過払金があったとき
・不動産など資産の売却益があったとき
・相続、養育費、仕送りなどの収入があったとき
※上記は一部で収入はあらゆる収入の申告が必要です。

収入申告を適正に行えば、次のような控除や、収入として認定しない取り扱いができることがあります。
※控除→収入から除かれる（差し引かれる）ことです。控除された分は手元に残ることになります。

就労収入に対する控除	
①基礎控除	就労収入がある場合、給与総額に応じて、一定の金額が控除されます。
②未成年者控除	未成年者が就労した場合、基礎控除のほかに一定の金額が控除されます。
③その他の必要経費	社会保険料、所得税、通勤交通費などの必要経費が控除されます。
高校生のアルバイト収入	
高校生のアルバイト収入のうち、授業料の不足分や修学旅行費、学習塾代、大学・専門学校の入学金など早期自立に充てられると認められたものは、収入として認定しない取り扱いとなります。	

※その他、自立更生のために充てられると認められるものについても、収入として認定しない取り扱いができる場合がありますので、申告するときにご相談ください。

········· お問い合わせ・相談先 ·········

○地区担当員（ケースワーカー）
　地区担当員（ケースワーカー）とは、生活保護を利用するかたの困っていることへの解決や自立を目指す上でどうしていけばよいのかを一緒に考え、手助けをする者です。また、地区担当員は生活状況の確認や、相談に応じるために定期的にお住まいを訪問します。
　何か生活上の問題があれば、遠慮なくご相談ください。個人の秘密は固く守りますのでご安心ください。

○民生委員
　各地域には生活に困っているかたの見守りや相談に乗ってくれる民生委員がいます。福祉事務所と協力関係にありますので、お近くの民生委員にもぜひご相談ください。

メモがき

〒250-8555　小田原市荻窪300番地
小田原市福祉事務所（小田原市役所　生活支援課　保護係）
電話番号 0465-33-1463

2章　改善された小田原市『生活保護のしおり』

3章 対談 生活保護行政の現場から考える
「見えないジャンパー」問題を解決するために

> **渡辺 潤**
> 東京都大田区で生活保護ケースワーカー・生活保護面接員を約30年歴任。全国公的扶助研究会副会長、生活保護問題対策全国会議幹事。共著『間違いだらけの生活保護バッシング』（2012年、明石書店）他。
>
> **藤藪貴治**
> 元北九州市職員（主に生活保護ケースワーカー、児童福祉司）。元北九州市立大学非常勤講師（公的扶助論・社会福祉援助技術論）、生活保護問題対策全国会議幹事。共著『生活保護「ヤミの北九州方式」を糾す』（2007年、あけび書房）、共著『格差・貧困と生活保護』（2007年、明石書店）

10年前の間違った対応

渡辺 小田原市で「生活保護なめんな」ジャンパーなどの問題が今年の１月中旬に発覚し、社会的な問題になりました。その後、市が設けた第三者による「生活保護行政のあり方検討会」（以下、「検討会」と言います）での検証作業が進められ、４月６日に検討会から報告書が出されました。さらに、４月30日には、シンポジウムが開かれ、問題になっていた『生活保護のしおり』も改訂されました。

今日は、ジャンパーなどの問題がなぜ生じたのか、小田原市だけでなく、全国の生活保護行政の現場で「見えないジャンパー」問題があるのではないか、それをなくすためにどうしたらいいのか、などを中心に話し合えればと

思っています。

　検討会報告書では、検討にあたっての基本的考え方の中で、「今回の犠牲者は、不正をまったく行っていないにもかかわらず、長期間にわたってジャンパーを着た職員の訪問を受け、屈辱的な思いをした生活保護利用者だった。彼らの声なき声に耳を澄ますこと。市職員の行為を安易に正当化しないこと。これが検討会の基本的な理解であり、議論の出発点である」と、基本認識を明確にしています。

　それではまず、「ジャンパー」のきっかけとなったとされている10年前の生活保護窓口で利用者が刃物を振り回した事件から考えてみたいと思います。

　この事件は、居宅に住んでいた生活保護利用者の方が大家さんの都合でアパートを追い出されようとしたことに端を発しました。小田原市は、アパートを追い出されようとしたので無料低額宿泊所に入るようにと対応しますが、本人が約束の時に来ないということで、生活保護を廃止してしまいました。そのことに怒った本人が暴力事件を起こした、と言われています。

　居宅から居宅へということで基本的に問題がないケースだったのに、そもそも市が居宅を認めなかったというところに大きな問題があります。

　この事件は、その利用者さんのことを思って、どうしたらこの人の状態を良くしていけるか、どういう福祉的な援助が必要なのか、その思いで接していれば起きなかったと思います。

藤藪　刃物を振り回すことは許されません。しかし、福祉事務所が安易に無料低額宿泊所に入所させようとしたこと、さらに、生活保護利用者と信頼関係を作れていなかったのではないか、という問題もあると思います。

渡辺　これを全国の問題に絡めると、ホームレスの人に対しては都市部中心に、まずは無料低額宿泊所に入れるということが常態化していて、それが小田原市の場合はホームレスの自立支援マニュアルにもそう記述されていたということで、そこは今後、小田原市のほうでもぜひ改善していただきたいですね。

　厚生労働省の通知でも、「居宅生活ができると認められる者」の判断方法の基準があるのですが、これが逆に居宅生活を認めない方向で形式的に運用されている地域もあります。そのようなことのないよう、厚生労働省も明確な通知を出すことが必要だと思います。

ジャンパー問題の根っこは何か

渡辺 今回のジャンパーなどの根っこの問題点をどう考えますか。

藤藪 当時の職員の中に、団結して身を守らなくてはいけないという気持ちが確かにあったとは思います。ただ、問題は、その解決策として、あのようなジャンパーを作り、それが10年間続いてきたのは何故かということです。

ジャンパーには、「不正受給者はクズだ」「保護なめんな」と記載され、面接で相対する生活保護利用者を、「生活保護受給者は不正受給者予備軍である」と責め立てるような内容です。かれらが、ケースワーカーとして普通に生活困窮者を救う意識を持っていれば、絶対に着用してはいけないと分かるものでした。

今日は、私が元ケースワーカーを務めていた経験も含めて、ケースワーカーや福祉の現場のことをいろいろ話し合うことができればと思っています。そして、私は特に、生活保護利用者の意見を代弁する立場で話させていただきます。

生活保護利用者らが運営するあるブログで、今回の差別的ジャンパーは「生活保護利用者に対するヘイトスピーチであり、『魂の殺人』である」と論評しています。ジャンパーをまとったケースワーカーに相対された生活保護利用者らの心のダメージは、生活保護利用者以外の者には想像し難いものがあると思います。もし、公務員が「在日朝鮮人はクズだ」「被差別部落民はクズだ」「障害者はクズだ」というジャンパーを着用したら、即刻に首長辞任に関わるほどの大問題になりますよね。

ところが小田原市のジャンパーは、10年間も問題にされなかった。小田原市役所が、ジャンパーの差別的メッセージを容認していたと評価されても仕方ありません。こうしたジャンパーの作成が間違っていたというのであれば、検討会には、ジャンパーの記載は「公権力によるヘイトスピーチ」であり、公務員の信用失墜行為に当たるとの認定をしてほしかったです。

拙著『生活保護「ヤミの北九州方式」を糾す！』（2007年、あけび書房）で詳しく書きましたが、10年前、北九州市で生活保護を打ち切られた男性が「おにぎ

り食べたい」という日記を残して餓死した事件が発覚した際、生活保護問題対策全国会議が小倉北福祉事務所長を刑事告発しました。刑事告発という一見過激な手法を選択したのは、全国の福祉事務所、社会に対し、違法な保護行政によって人の命を奪った以上、それ相応の処罰を受けるべきだというメッセージを発したかったからです。

小田原市もこれまでの対応の誤りを認めるのであれば、全国の福祉事務所、ケースワーカーに向けて、生活保護利用者への差別的対応をおこなえば、相応の処分をするというメッセージを発することが必要ではなかったかと思っています。

渡辺 私はちょっと違った角度から考えています。私もシンポジストとして登壇した本件についてのシンポジウム（4月30日、小田原市主催）でも、担当職員らの処分の件で、検討会座長の井手英策先生から小田原市長に質問が出されました。市長としては、個人と部署を処分するということではなくて、小田原市役所全体の職員の問題だという捉え方をした。小田原市全体で、市民に対する偏見、差別をしてしまった。これについては本当におわびする。今後は市全体で改善する。との意向が表明されました。特定の人、一部の人だけ処分して、とかげのしっぽ切りにはしたくないという思いがあったとお聞きして、私はそれには共感しました。

今回、小田原市が市職員全体にアンケートを取りましたが、今の段階でも小田原市の生活保護の職場に異動したくないという方が圧倒的でした。当時もやはりそうだったと思います。自分たちは大変な思いをしているにもかかわらず、孤立感が非常にあった。その中で、職場が意気消沈しないようにという思いもあって「ジャンバー」でお互いの意気高揚を図ったといういきさつが説明されています。

それは全国的に共通することでもあります。生活保護の職場が余りにも魅力がなくて、行きたがらない職場で、来た職員たちも何か島流しに遭っているような、そういった背景があります。

では、どのようにして魅力のある職場にするか。本来、生活保護の仕事って、対象者の方の命を守れて、ほかの行政の職場より、やればやるほどやりがいが出るような職場なのですが、なかなかそうなっていない。その問題点

もしっかり深めたいですね。

差別や偏見は小田原市だけの問題ではない

藤藪 最初の事件報道を聞いた時、変な言い方に聞こえるかもしれませんが、「やっと証拠が上がった」との印象を持ちました。私は十数年前に、北九州市の福祉事務所でケースワーカーをしていました。さすがに証拠に残るようなジャンパーなどは作ってはいませんでした。しかし、福祉事務所のカウンターの中で、小田原ジャンパー記載のような、生活保護利用者を見下して、小バカにするような会話を日常茶飯事に耳にしていました。

生活保護利用者への差別発言、差別的行為がおこなわれている福祉事務所は、全国的にたくさんあるはずだと私は思っています。

小田原ジャンパー問題は、小田原市だけではなく、全国の福祉事務所の少なからぬケースワーカーが抱いている生活保護利用者への差別意識が、たまたまジャンパーという形で、表面化したものだと考えています。小田原ジャンパー問題を、全国の福祉事務所の差別的保護行政にメスを入れるきっかけにする必要があります。

渡辺 通常の行政の職場では、住民の方を「さん」づけで呼ばないというようなことはあり得ないと思います。しかし、生活保護の職場ではそうとはかぎりません。生活に困窮されている方や生活保護利用者の方に寄り添った職場では「さん」づけをしていますが、差別や偏見が強い生活保護の職場では「さん」づけで呼ばずに呼び捨てで会話が交わされています。例えば、私の名前でいうと「渡辺、あいつどうしようもないよな」というような会話が交わされてしまっています。

また、通常、知人だったら突然、家庭を訪問するというのはあり得ないですが、生活保護の家庭訪問というと、急に抜き打ちで訪問する、場合によっては本当に調査的なことをする。その辺の構造的な問題もあると感じています。

藤藪 参考になる話として、私が北九州市の福祉事務所で体験した幾つかの事

例をここで紹介いたします。

　私は1998（平成10）年に戸畑福祉事務所にケースワーカーとして配属されました。インド放浪時にマザー・テレサのホスピスでボランティアをしていたこともあって、日本の貧困問題に関わりたくて生活保護の仕事を希望しました。

　異動初日で右も左もわからない時に、高齢の女性から電話がかかってきました。「もう死にたい。助けに来てください」と言って、電話が切れました。驚いて上司の査察指導員に相談して、二人で自転車で家庭訪問に行きました。

　ドアを開けたら、女性がこたつの中で倒れていました。ところが、よく見ると、泥酔して寝込んでいただけでした。

　本来なら、女性はアルコール依存症ではないか、大きなストレスを抱えているのではないかとの思いを巡らし、日常生活の自立支援をおこなうことが求められます。ところが、帰り際に査察指導員が、「ヤブちゃん、ああいうのはね、早く死んだほうがいいと思わない？」と私に投げかけてきました。

　このような事例もあります。統合失調症を抱えた高齢の女性が、「隣の人がうちに火をつけるので、何とかしてください」とケースワーカーに定期的に必死に懇願に来ていました。おそらく妄想です。しかし、本来のケースワークであれば、傾聴したうえで、精神保健福祉士らと連携して対応することが求められます。しかし、担当のケースワーカーはカウンター越しに、「つまらん！　同じこと何度も言うな！　帰れ！」と、大きな声を張り上げて追い返していました。このケースワーカーは、人目につくカウンターでも高圧的な面接をおこなっていたので、密室である面接室や家庭訪問では、さらに酷い差別的な対応をおこなっていたことが推察されます。

　北九州市では、「水際作戦」「辞退届の強要」で、餓死、自殺事件が多発しました。元凶には組織的な数値目標というノルマがありました。

　しかしそのノルマは、ケースワーカーに生活保護利用者は「不正受給者予備軍」であるとの差別意識があったからこそ、達成できたものといえます。いわゆる「ヤミの北九州方式」では、国からの数値目標というノルマと、ケースワーカーの差別意識が車の両輪であったと考えられています。

　なお、北九州市は、北九州市生活保護問題全国調査団や生活保護問題対策

全国会議の取り組みなどにより、数値目標の撤廃、マニュアルの見直しなどがおこなわれ、申請率が約15％から40％前後に回復し、一定の改善がなされています。

　また、私たちは、2008年2月、生活保護利用者の意向を無視して市外の府営住宅に転居させようとしたり、母子世帯に保護の辞退を強要するなどしていた大阪府貝塚市でも現地調査活動をおこないました。最初は対立的な取り組みになりましたが、貝塚市のケースワーカーたちは徹底的な職場内討議を経て、仕事のやり方を大きく変えました。調査団の終結集会に参加したシングルマザーの当事者の方が、「私はこれまで戦場に行くつもりで役所に行っていた。それが調査団が来てからは、職員さんが「身体の調子はどうですか？」と気遣ってくれたりして、自然と笑顔で会話している。「私、役所で笑えてる！」と嬉しくなった」と話しておられたのが印象的でした。

　全国の福祉事務所でも、問題があれば、それを直視して改めるべきは改め、生活保護利用者もケースワーカーも、ともに幸せになれるよう、現場を変えていってほしいと思います。

「不正受給」をどうとらえるか

渡辺　差別意識を生み出す要因に「不正受給」キャンペーンがありますので、その「不正受給」をどう捉えるか。その点を考えてみたいと思います。

　不正受給が許されないのは当然です。ただ、「不正受給」については報道などが多いこともあって、生活保護全体の中で占める割合が大変高いのではないかと思っている方たちが多いのではないかと思います。

　しかし、2014年度の「不正受給」額は全国で175億円で、生活保護費全体（約3兆8400億円）の0.44％程度です。そして、同年の「不正受給」件数は約4万3000件ですが、保護世帯約160万世帯中の2.69％程度です。

　また、「不正受給」の中には、悪質な意図をもっておこなった人たちもいますが、高校生のアルバイト収入の未申告など、必ずしも「不正」の意図があるとは言えないものも含まれています。

基本的に国、厚生労働省は濫給防止と漏給防止という二本柱でやっていると建前では言っていますが、やはり濫給防止イコール不正受給対策、こちらのほうにばかり重点を置いて監査指導とか実務指導をやっています。本来は、生活保護を受けられない方、ボーダーライン層で漏給という形で漏れている方をどうすくい上げていくかが大事なのに、国はそちらのほうには力を入れていない。それが根本問題だと思っています。

　　また国は、課税収入額と収入申告額の突合作業や確認作業をケースワーカーにおこなわせる「課税調査の徹底」を全国の自治体に課しています。課税調査の結果、申告額との齟齬が判明すれば全て不正受給として扱う運用となっており、そのことが、不正受給の統計上の増加の原因にもなっています。上記指示は、日常の事務量などが増加し悲鳴を上げている全国の生活保護現場の大きな負担にもなっています。

藤薮　「不正受給」とは何かを正確に定義付けする必要があります。

　　ネットで「不正受給許さん」と書き込んでいる人たちの「不正受給」のイメージはおそらく、元気な暴力団関係者が高級外車を乗り回していたり、ドーベルマンを数匹飼っているというようなイメージだと思います。しかし、私自身、ケースワーカーをしている間、そのようなケースを見たことがなく、生活保護法78条で対応したケースもありませんでした。

　　十数年前、北九州市の福祉事務所の職員の多くは、保護を受けている人たちを「不正受給者予備軍」と考えていたように見受けられました。だからこそ、自分たちの仕事は、保護を切り捨てて公費を支出しないことにあり、それが正義だと思い込んでいたと思われます。

　　「不正受給」については、法律と、ケースワーカーと、一般市民との間で、定義とイメージが大きく異なるのではないでしょうか。だから議論が噛み合わないのだと思います。

渡辺　藤薮さんの指摘は非常に大事で、国の78条不正受給の分析では、圧倒的に少額の稼働収入申告漏れ、それから、年金を受けられるようになっての年金申告漏れみたいなものがほとんどです。申告義務があると知らなかった場合も多いと考えられ、そのような場合にも生活保護法63条によって返還はしなければなりませんが、本来、不正受給として扱われるべきではありません。

不正受給ということを一般の市民の方に誤解がないように、宣伝していくことが非常に大事だと思います。

藤藪　「不正受給」事件が起きた時に、責められるべきは、当該不正受給者であって、生活保護制度や生活保護利用者全体ではありません。市民が不正受給に怒りを持つのは当然です。しかし、批判の矛先がずれているような気がします。

渡辺　基本的には収入申告の義務が生活保護を受けている方にはありますが、それをきちんと収入申告ができるように援助していくのがケースワーカーの仕事です。特に、収入の申告をすれば、未成年者控除、勤労基礎控除のほか、その世帯の「自立更生」に役立つ費用の控除などが認められ得るというメリットがあるのですが、こうしたことは十分には説明されていません。ケースワーカーがそのことをきちんとやれていないことをそのままにして、不正受給だけ問題にするのは良くないですよね。

根っこにある「貧困の自己責任」論

渡辺　生活保護利用者に向けられる議論で、貧困の自己責任論があります。福祉現場での生活保護利用者への差別の根幹に貧困の自己責任論があると思います。
　「貧困は自己責任か？　社会構造的な原因によるものか？」、その点、現場にいらした経験から藤藪さんはどう考えていらっしゃいますか。

藤藪　自己責任と、社会・国の責任と両方あると考えています。
　法律で生活困窮者を救う職務が与えられたプロのケースワーカーが、福祉事務所に相談に来た生活困窮者の自己責任だけを追及してどうするんですか。社会福祉のプロとして安くない給料を得ているのなら、貧困に陥った者について、例えば、かれらは子どもの頃に親から虐待を受けていなかったか、親が貧困で高校にさえ行けなかったのではないかなどの「家族の問題」。やむなくヤミ金に手を出したら、ヤミ金業者から高利を取られて貧困から抜け出せなくなってしまったのではないかなどの「社会の責任」。虐待対応の未整備や、

早期のヤミ金業規制ができなかった「国の責任」。そこまで、深く洞察すべきでしょう。それなしには「自立の助長」に至るケースワークはできないと思います。

渡辺 生活保護を受ける方には中卒の方とか、高校中退の方が多いですし、病気、特にメンタルの病を持っていらっしゃる方が多いです。藤藪さんが言われたとおり、その人の生い立ちとか、社会的な背景とかをきちんと見ていくことがすごく大切です。自己責任論に陥ってしまうと、見るべきものが隠れてしまいます。

藤藪 そうですね。

12年前、北九州市の障がい者支援団体から受けた報告です。40代の男性が就労できず、福祉事務所に保護申請に行きましたが、代々の面接員から「まだ若いんだから働きなさい」と言われ続けて、5年近く申請拒絶されました。ところが新規異動してきた障がい福祉経験のある面接員が、知的障がいを疑い、判定を勧めたところ、軽度の知的障がいがあることが判明し、それで保護に至りました。

そもそも申請を拒否すること自体が違法ですが、このように、実は知的障がいなどの就労阻害要因があるのに、福祉事務所のケースワーカーに社会福祉の専門知識や貧困問題への理解がないため、「若いから働けるでしょう」と追い返される事例が少なくないと思われます。

他にも親の虐待や養育放棄で中学校にもろくに行けず、就労先が限定され、貧困に至る事例も少なくありません。

さらに派遣労働による不安定な就労や、いわゆるブラック企業による酷使などによる労働環境の悪化で、体を壊して、精神疾患を病み、就労できなくなって貧困に至る事例も増えてきています。

このように、社会構造や国の政策が、一定数の生活困窮者を生み出していることは、ちょっと考えれば分かることです。しかし、少なからぬケースワーカーはそれが理解できず、自己責任論に立って生活困窮者を責め立てる。貧困の理解次第で、ケースワークの在り方が大きく変わってきます。

渡辺 今言われたように、労働政策とか日本の社会構造自体が今大きく変わってきているので、貧困者が現われる背景の学習、広い視野の学習なども現場

ではすごく大切と思いますね。

ケースワークは「ともに命を輝かせる仕事」

藤薮 そうですね。今の渡辺さんの話は当然だと思います。しかし、それでは遅いと思います。すでに大学などで社会福祉・貧困問題を学習した人でなければ、福祉事務所で仕事をしてはいけない、と私は考えています。

渡辺 それではさらに、「生活保護ケースワーカーの仕事とはいったいなんなのか?」、その点を深めていきたいと思います。

　ケースワーカーは生活保護世帯の生活への介入度、影響度が強い仕事です。例えば、「ケースワーカーから夜間大学に行けるとアドバイスがあって自分の人生は変わった」という良い方向への作用もありますし、逆もあります。「いのちの重みを背負った仕事」「ともに命を輝かす仕事」でもあります。保護世帯利用者が少しでも希望を持って生きることを支えることにより、ケースワーカーもやりがいが持てるという関係でもあります。

　私は東京大田区で生活保護面接員をしていますが、つい最近、20代後半の男性の方から電話があって、開口一番「1週間食事してない」って言うんです。

　「ちょっとメンタルの病気で働けなくて、何とか蓄えでやっていたんですが、底をついちゃって1週間食事してない。どうしたらいいでしょうか」とのことでした。「とにかく、必要最小限の物だけ持って、すぐに来てください」と返事をしましたら1時間後ぐらいにいらっしゃいました。真っ青な顔した、気の弱そうな方で、まず、備蓄のカップラーメンを食べていただいて、お話をしました。

　高校卒業して2年間ぐらいは地元で働いていたんだけれども、20歳の時に放送作家になりたいということで東京に出てきた。なかなかうまくいかなくて、派遣やりながら頑張っていた。しかし、2、3年前にメンタルを発症して、ついに仕事ができなくなって、蓄えがなくなり病院も行けなくなって、電話をかけてきた、とのことでした。

「とにかく生活保護しかないですよね」とお話をして。「お金は幾らお持ちですか？」って尋ねたら、本人は言いたくないんですよね。「預金の額と現金で判断しなきゃいけないので、言っていただかないと」と言ったら、11円しか持っていなくて。預金ももちろんゼロ。アパートの家賃は1か月の滞納でした。そして、生活保護申請をしていただきました。担当ケースワーカーも紹介をした後、明るい顔でニコッと笑って帰って行かれたのがすごく印象的でした。

　小学館の『ビッグコミックスピリッツ』で「健康で文化的な最低限度の生活」という柏木ハルコさんの漫画が連載されていますが、その漫画のキャッチフレーズにこういうのがありました。「お医者さんでも警察官でもないのに命を守れる仕事がある。それが生活保護ケースワーカーだ」と。生活保護ケースワーカーってすごくやりがいのある仕事なんですよね。

　ただ、生活保護の目的は実は2つあって、生活保護法第1条で記されている最低生活の保障と自立の助長というこの2つです。最低生活の保障については生活保護手帳でとても分厚いマニュアルがあります。しかし、自立の助長についてはほとんどマニュアルがなく、現場任せになっています。生活保護ケースワーカーになると、病気のこととか、生活相談とか、毎日のように電話とか来所で聞かれるじゃないですか。

　その時に、一つひとつのことについてどう答えていけばいいんだろうと思って、新人のワーカーが上司や同僚に相談したとします。そうすると、悪い職場だと、「そんなこと丁寧にやらなくていいよ。丁寧にやると逆に仕事回らなくなっちゃうよ」って言われてしまうことが多いですから、まじめな職員ほどそのはざまで悩んでしまうんですね。

　そのためには、福祉的なマニュアルなどを整備していくことがすごく大事だと思います。

藤藪　1999年に担当した知的障がいのあるお母さんと娘さんの事例ですが、相談当初は、消費者金融の取り立てが厳しく、冷蔵庫は空っぽというような状況でした。月10数万円の遺族年金があるのですが、借金のため年金を担保に入れてしまうなどして収入がまったくない。そこで緊急に保護となりました。

　消費者金融に手を出した理由を調べると、近所の中年女性が、お母さんと

娘さんに中度の知的障がいがあることを利用して、新興宗教に誘い、その後、年金機構と複数の消費者金融を一緒に回り、お母さん名義で借金を重ねて、現金は全て中年女性が受け取っていたことが判明しました。

そこで弁護士につなげて債務整理、自己破産をおこない、中年女性の居場所を探しあてて、お母さんと娘さんに二度と接触しないことを確約させました。

もっとも、在宅生活を続けると、新興宗教関係者らから再び利用されるおそれが残っていました。そこで自立願望があった娘さんはグループホームへ、お母さんは救護施設へ入所することにしました。その後、お母さんと娘さんが別々になってしまったことを気にかけていたのですが、役所を辞めた後に救護施設の職員から、お母さんは元気にしていて、娘さんも面会に来るという話を聞いて、ほっとしたことを覚えています。

生活保護利用者は、受給前に生活費を穴埋めするため銀行やクレジット会社から借入れをしていることが多々ありますが、日常生活自立、そして就労自立の前提のためにも、債務整理は必要なケースワークです。今は、ほとんどの福祉事務所が多重債務者自立支援プログラムをつくって取り組んでいると思いますが、地元の弁護士会と連携システムを構築するなどして、より積極的に取り組んでいただきたいと思います。

人間観やスキルを身に付けることが大切

渡辺 ここで、上智大学の籠山京名誉教授の著書『公的扶助論』の一節を紹介したいと思います。

「社会福祉主事の仕事は、お役人意識だけではつとまらない。人間に対する愛情があって、そのことに生きがいを感じている人だけがすることのできる仕事である。これは社会福祉の仕事一般にいえることであるが、とりわけ、この仕事はその感が強い。にもかかわらず、いわれもない非難を受けることも多い。しかも、その役人としての地位はごく低い」

私が大事にしている言葉です。

人間に対する愛情があってそのことに生きがいを感じられるためには、人間観や、社会福祉、法律などの知識、スキル、こういったものがすごく大事になると思っています。
　「年越し派遣村」が話題になっていた当時の2009年になりますが、関東のある自治体労働組合が生活保護ケースワーカーの実態調査をおこないました。その中で「この業務の何に一番ストレスを感じるのか？」という質問をしたところ、他の回答を引き離して１位だったのが、「生活保護利用者の方から嘘をつかれた時」ということでした。
　行政職員として勤務していて他の部署などで「住民の方から嘘をつかれる」という経験は少ないかと思いますが、なぜ生活保護利用者の方が嘘をついたのか？　その背景には何があるのか？　など、本来はそこから福祉的な援助が始まるはずです。ところが、多くの職員にとってはそれが多大なストレスとなっている実態があるのです。
　生活保護バッシング報道などによる「自己責任論」も行政職員に大きな影響を与えており、そこから生活保護利用者に対する差別・偏見などが増幅されていると感じています。
　生活保護利用者に対する差別・偏見などを持ってしまった職員は、「自己努力もしないで蓄えもしてこず、困ったからといってすぐに生活保護を受給し、こんな大変な思いをしているケースワーカーの自分になんでこんな迷惑をかけるのだ」「自分は、こんな大変な思いをして働いているのに、生活保護利用者はなんで働こうとしないのだ」などの怨嗟の思いを抱くようになってしまいます。
　ちなみに第２位は、「この仕事にまったくやりがいを感じない」でした。まったくやりがいを感じない職員も気の毒ですが、そんな職員に対応される利用者の方は、たまったものではありませんよね。
　生活保護を利用するに至る社会的な背景や、障がいや依存症などの疾病に対する理解、福祉的な専門性があれば、こうしたアンケート結果にはならないはずです。福祉的な専門性と熱意のある人をケースワーカーとして任用すること、そして、社会福祉法で標準数として規定されている市（特別区）・町村では80世帯に１人のケースワーカー配置、都道府県では65世帯に１人のケ

ースワーカー配置を、国に強く求めていくことが大切だと思います。

福祉専門職としてのケースワーカーを

藤薮 確かに、ケースワーカーを増員することは大事なことだと思います。ただ、小田原市でジャンパーを着ていた60名余りの職員は、そもそも本当にケースワーカーだったのだろうかという疑問を持っています。

なぜなら、ケースワーカーの任用資格である社会福祉主事について、社会福祉法第19条第1項ではその要件として「人格が高潔で、思慮が円熟し、社会福祉の増進に熱意があり」、かつ、社会福祉士等の専門性を有する者となっています。差別的ジャンパーを着て利用者を威圧するような人は、「人格が高潔で思慮が円熟し」という要件を満たしているとは言えません。

ケースワーカーとしての資格を欠く専門性のない人をいくら増員しても、生活保護を利用する当事者は、より一層厳しい状況に置かれる可能性があります。

増員の前に、ケースワーカーとはどのような職種か、貧困について自己責任論しか考えられない者や、法律、経済、行政分野の公務員試験はパスしたが、社会福祉の専門性がなく、興味もない者は、社会福祉法第19条第1項の社会福祉主事任用要件を満たしていないのではないか。そのことを議論すべきと考えています。

渡辺 今、藤薮さんが言われた社会福祉主事に求められている実質的な要件がすごく大事で、それに照らし合わせて、該当しない人は配置しないということが重要です。

あともう1つは、福祉職を増やしていくということが大事だと思っています。福祉職については、社会福祉士、精神保健福祉士などの資格を持っている方で、東京23区でも今年度から初めて経験職福祉職採用試験がおこなわれます。経験職、つまり、病院の相談室や高齢者や障がい者の事業所などで社会福祉の仕事をやっていた方で資格などを持っている方を、全国の自治体で採用していくことが大事なことになっていくと思っています。

経験が蓄積できる人事政策を

藤藪 そうですね。福祉事務所への異動の際に、それを希望していたか否かは極めて大きな要素です。

　北九州市門司区で2006年に餓死事件が発生した時に、市の労働組合が約160人の全ケースワーカーに対してアンケートを取りました。「ケースワーカーを希望して来たか」という問いに対して、「希望していない」が約4分の3でした。しかし例えば、一般の事務職員が、人事異動で学校の教員、保育士、保健師など、他の専門職に人事異動させられたら、それは望まぬ異動であり、専門性もないから、職員にとっても利用者にとっても大変な悲劇となってしまいます。また、無資格者を配置したということで新聞沙汰になってしまう。なので、自治体はそんな異動はしません。

　しかし、福祉事務所のケースワーカーに対しては、平然とそのような人事異動がなされています。

　小田原市では、市職員全体に実施したアンケートで、福祉事務所に行きたくないとの回答は600人だったのに対して、行きたいと答えたのはわずか19人でした。差別的ジャンパーを着ていた小田原市のケースワーカーのほとんどは、福祉事務所に行きたくなかった職員であったということになります。

　ケースワーカーには、それをやりたいと希望した者、福祉の現場で定年まで働き続ける覚悟のある者しか異動させないという人事政策をとるだけでも、福祉事務所は本来の姿を取り戻していくと考えています。

渡辺 同感です。いわゆる先進資本主義国、ヨーロッパ等々でこの仕事を福祉専門職でやっていないところはないですよね。韓国でも、福祉専門職で全て配置をされています。

　私が副会長を務めている全国公的扶助研究会で韓国の福祉専門職役員の方と研究会をしました。そこで開口一番、「何で日本はケースワーカーが福祉の専門職ではないんですか。信じられない」と言われ、それが大変に印象的でした。

藤藪 2006年に発生した門司餓死事件は、56歳の男性が失職して、電気、ガス、

水道のライフラインが全て止まって、門司福祉事務所に 2 回保護申請に行った。しかし、面接員の「親族に養ってもらうのが先」という違法な対応で申請することができず、厳冬を乗り切れずに餓死してしまったという事件です。

　労働組合のアンケートの「門司福祉事務所の対応は適切だったか、そうではなかったか」という質問には、社会福祉を勉強している学生だったら、誰しもが「門司福祉事務所の対応はおかしい、申請書を渡すべきだ」と答えられると思います。しかし、ケースワーカーの 4 割が「適切な対応だった」と答え、「問題があった」と答えた者は 3 割以下でした。

　さらに、「今後、再発防止のためにはどうしたらいいですか」という質問には、最も多い回答が「地域住民が支え合う」が35％で、「申請書を渡す」がわずか13％でした。ここでは差別意識に加えて、専門性の欠如、生活保護法の無理解が甚だしいことが明らかになりました。これは深刻な問題です。

渡辺　専門性を高めるために研修などが大切です。その研修自体も例えば、職場の先輩が教えるだけでは、誤ったことが研修内容でやられてしまうという面があります。それをどう改善していくかも大事な点と思います。

　小田原市でいうと、この事件が起きて、市のホームページや『生活保護のしおり』が、生活保護法の現在の解釈でも誤って紹介されていたことも判明しました。そしてこの度、検討会の指摘などにより改善されました。市の側に専門的な知識が欠如していたということでもあります。

藤藪　そうですね。今回の小田原市の検証作業では、改善策の一つに研修の充実が打ち出されており、とても評価できます。他方で、ケースワーカーという仕事は、数多くのケースワークを重ねて初めて一人前になれるもので、10年、20年という経験が必要です。しかし小田原市の福祉事務所では、ケースワーカーの平均在職年数は4.2年で、わずか 1 年未満で異動してしまう者も多数います。これでは研修への動機も保ちづらいし、せっかく研修してもすぐに他部署に異動ということになってしまいます。研修の充実とともに、短期の異動サイクルの見直しをセットでおこなう必要があると考えます。

渡辺　藤藪さんの今の発言をふまえて、ここで私の経験から話をさせていただきます。私自身はこの仕事を長くやっていますが、過去の経験からいうと、この仕事は 3 年までは厳しいんです。知識とか、生活保護の方への対応とか、

非常に多岐にわたるので。

　でも、3年経つと一区切りというか、4年目からおもしろくなってきます。私、今も生活保護の面接員をしていますが、やればやるほど味が出てくるというか、おもしろくなるという仕事ですよね。

　だから、初めの頃は、例えば、大変な方、多面的な問題を持っている方の対応はすごく時間も取られるし、労力も取られて大変だと思います。しかし、そういう大変な方に対して、4年目ぐらいから福祉的にその大変さを軽減していくとか、その方を少しでも良くするということが楽しくなってくるんですね。

　そういう点では、全国的に異動のサイクルが短くなっていますが、この仕事については基本的に福祉的な専門職を配置して、長くいたいという方は長くいられるような人事配置を考えていくことが大切です。

　大阪府堺市では、福祉専門職を積極採用し、幹部もケースワーカー経験の長い者から登用していると聞きます。堺市のケースワーカーたちは、つい先日、生活保護世帯の大学生などの生活実態に関するアンケート調査を実施し、生活保護を受けながらの大学進学が認められていないがゆえに、奨学金とアルバイトに頼らざるを得ない過酷な状況を明らかにしました（2017年5月13日朝日新聞朝刊）。

　若手ケースワーカーらが企画し、幹部が後押ししたようです。これは、日頃から当事者に寄り添うケースワークがおこなわれ、福祉的専門性が発揮できる組織体制になっているからこそ実現したと考えられ、すばらしいことだと思います。

ケースワーカーに求められる「人間性」

藤藪　そうですね。私は、福祉事務所のケースワーカーの仕事は、自治体の通常の一般事務とは大きく異なる仕事ではないかと考えています。

　生活保護の仕事は、机上の事務仕事ではなく、問題を抱えた人との対人業務なので、人の話を聞けない人、コミュニケーション能力が乏しい人も、ケ

ースワーカーには向いていません。

渡辺 少々関連しますが、以前デンマークのミゼルファート市というところの福祉責任者の方と話をしたことがあります。ミゼルファート市では福祉職の採用基準は、「社会福祉の知識はすごく重要だけれども、それよりもまず温かい心を持っていて、協調性のある人、この２点だ」と強調されていました。

　協調性って職場の協調性もそうですが、医療ケースワーカーさんとかケアマネージャーさんとか介護機関の方とか、多面的な方々とかかわりますよね。そういう人たちと協調してやれる能力や資質がないと、この仕事はやっちゃいけないんだろうなと思いますね。

藤藪 そうですね。社会福祉法第19条第１項には「人格が高潔で、思慮が円熟し、社会福祉の増進に熱意があり」と記されています。今、渡辺さんがおっしゃったことですね。しかし、実際はこの規定が守られていません。今一度、法の趣旨に立ち返るべきです。

渡辺 ケースワーカーの任用資格として社会福祉主事の資格が基本的に必要となっているのですが、全国平均は約75％です。小田原市は100％社会福祉主事を任用していて逆にまじめです。ただ、社会福祉主事の資格を取ったからイコール人格高潔とはならない。そこがすごくむずかしいところです。

藤藪 多くの自治体では一般事務職員が数週間の研修だけで社会福祉主事を取得させるのみで、専門性の担保が形骸化していると言わざるを得ません。ケースワーカーは、原則として国家資格である社会福祉士有資格者とすることを検討してもよいのではないでしょうか。

渡辺 生活保護法ができた当時は、地方公務員の中でも大卒者は非常に少なかったので、大卒者はエリートで、優秀な方でした。たとえば、法学、民法、経済学の３科目を履修して卒業していれば、社会福祉主事の任用資格を満たすというのは、優秀な職員を配置しようという意味での善意でした。しかし、時代には合わなくなっているかなという点では藤藪さんと共通の認識です。

　ただ、今の現職のケースワーカーの中で、社会福祉主事の非常に優秀な方もいらっしゃるので、希望する場合は社会福祉主事も残ることができるような運用をしていけばいいのではないかと思っています。

国の貧困な生活保護政策が元凶

渡辺 さて、小田原市の問題のもう少し深いところを改めて議論したいと思います。

藤藪 今回の報告書では、ジャンパーを作ったきっかけがカッターナイフでの切り付け事件や、組織全体の中での孤立感にあると指摘しています。しかし、私は福祉事務所の差別意識は、国と自治体の人事政策によって構造的に生み出されたものだと考えています。

　北九州市の例で説明します。1967（昭和42）年からおよそ32年間、国の天下り官僚が北九州市に来て、さまざまな生活保護切り捨てのモデル（私たちはそれを「ヤミの北九州方式」と呼びますが）を作って、保護率を6.7％から1.3％にまで激減させました。「ヤミの北九州方式」の中でも、最も威力を発揮したのが数値目標です。例えば、ある福祉事務所は年度当初に、「水際作戦」として600人の相談者のうち100人までにしか申請書を渡さないと決め、「辞退届の強要」では、ケースワーカー1人あたり5件以上を廃止させることをノルマ化していました。

　しかし、導入当初はあまりうまくいっていませんでした。当時の福祉事務所は出世コースから外れたいわば窓際職場で、10、20年のベテランケースワーカーで占められていました。彼らは福祉系の大学を出たわけではありませんが、長期勤務により職能集団化していたので、国や上司の命令を職人魂で跳ね返していました。

　これに危機感を覚えた国の天下り官僚は、1980年代前後から、彼らを異動させて職能集団を解体し、20、30代の若手事務職員に入れ換えます。従来、福祉事務所は若手職員には不人気職場でした。しかし、上司の命令を2～3年間忠実に実践すれば係長試験に合格させるという人事を導入すると、若手事務職員がこぞって福祉事務所に異動希望を出すようになります。まさにアメとムチの人事政策でした。そして、数値目標が機能して保護率が一気に下がっていきます。「ヤミの北九州方式」において、数値目標と「若手事務官僚化」は車の両輪でした。

ベテランケースワーカーで占められた職能集団は、長期勤務によって専門性とケースワーカー魂を身に付けていたので、生活困窮者を自己責任論で責めることなく、同じ目線で寄り添っていた者が多かったと聞いています。他方で若手事務官僚は学歴はありますが、短期勤務で専門性がなく、ケースワーカーは単なる出世の踏み台と位置付けていたので安易な自己責任論から抜け出せず、生活保護利用者に対して差別意識を醸成していった、と推測されます。

渡辺　国が自治体に対して、「福祉職の職員を増やしなさい」とか「経験職の福祉職を増やしなさい」と指導したことを私自身はほとんど見たことがありません。うがった見方かもしれませんが、国が、ケースワーカーの専門職採用や経験を蓄積できる人事政策を推奨しないのは、保護費が増えないように敢えてそのようにしているのかもしれませんね。

利用者の声を聴き、取り入れることの大切さ

藤藪　ケースワーカーの専門性が低下するということは、福祉事務所が貧困問題を自己責任論でしか見られない者の集団になってしまうことを意味します。
　　かれらは生活保護利用者を「税金を浪費する不届きな者たち」という目線でしか見られなくなるので、小田原ジャンパー問題はある意味で必然的に起きた事件であり、かつ全国の福祉事務所でも起こり得るものだと考えています。

渡辺　「カウンター越しの対立」という表現がありますが、カウンターの内側と外側で対立構造が生まれているのは、それは偶然ではなくて、藤藪さんが言ったように、国が長年やってきた政策の結果ですよね。
　　カウンター越しの対立を、どうしたら共存共栄というか、お互いに連帯できるかという観点での運動展開がすごく大事だと思いますね。

藤藪　研修の充実も、人員増も大事です。しかし、根本的な解決のためには、まずは福祉事務所の異動サイクルを長期化する、そして原則として社会福祉士資格を有し、ケースワーカーを希望する者しか配属しないというように、

人事体系を学校や保育所のように、一般事務の職場から切り離すべきではないでしょうか。

渡辺 今回の小田原で非常に良かったのは、検討会の中でも、最終的な報告書の中で、生活保護利用者の声を聞く機会を設けるということが挙げられています。そして、これから利用者の声を聞く機会ということで無記名の生活保護利用者アンケートなどを実施するとなっています。この視点を全国に取り入れるということもすごく大事だと思います。利用者視点をどのようにして生活保護行政の中に取り入れていくか。

基本的に、ケースワーカーと利用者の関係は、生活保護費を支給する側と支給される側です。特に、ケースワーカーは生活保護を廃止することができる権力を持っているわけで、両者は決して対等な関係ではありません。だから、対等な関係を担保するためにも、利用者の方がもっと率直に行政側に思いを伝えられる制度をつくることが大切です。

私が働いている東京都大田区では、社会福祉研究者2名、弁護士2名で福祉オンブズマンという制度を作っています。オンブズマンは行政と市民の方の中間的な立場で意見を聞いて調整をするという役割ですが、そういう仕組みを全国的に広げていくということも重要だと思っています。

昨年度の場合、相談の約半分が生活保護関係でした。「生活保護のケースワーカーが、私たちの言うことを聞いてくれない」というような意見が多いのが実情です。オンブズマンは調査の結果、是正が必要と認める時には区の機関に対してサービスの決定や内容を是正するよう勧告します。関係機関の是正などの措置についてはその旨を関係する区の機関に対して要請します。区の機関からの報告を受けて、苦情申立て者に結果を報告します。

小田原市の「成果」を全国に

渡辺 そろそろ時間ですので、最後にひと言ずつ、まず藤藪さんからお願いします。
藤藪 第1に、従来から全国の福祉事務所では、ケースワーカーの間に生活保

護利用者を「不正受給者予備軍」「二等市民」と見下すような差別意識が蔓延し、差別的対応がなされていると、関係者からは指摘されていました。しかし、明確な証拠がなかったので、問題化することができず長年放置されていました。

ところが、小田原市では差別的ジャンパーという明確な形で問題が発覚しました。従って、小田原市に限定することなく、今回の小田原ジャンパー問題を、全国の福祉事務所で蔓延する差別意識を払拭するきっかけとして位置付けていくことが求められていると考えています。

第2に、ケースワーカーたちが差別的ジャンパーを着て、家庭訪問などで生活保護利用者に接していたのなら、生活保護利用者を見下すような差別的対応をしていた可能性が高いと言えます。今秋に小田原市が実施を予定している生活保護全利用者アンケートについて、再び検討会としての深い分析がなされることを期待しています。

第3に、少数ながら、小田原市でも、差別的ジャンパーに疑問を持ち、職場の差別的雰囲気に苦しみながら、法と自己の良心に従って、生活保護利用者から感謝される仕事をしていたケースワーカーもいたはずです。その方たちにはぜひ再び福祉事務所に戻ってきていただいて、小田原市の生活保護行政が生まれ変わる一翼を担っていただきたいと願っています。

渡辺 小田原市ジャンパー問題の報道がされた時に多くの市民の方々は、さすがにこれはひどいととらえていらっしゃったと思います

藤藪さんが言われているとおりに、それがジャンパーを着なくなったということで済ませてはいけなくて、その背景にある生活保護行政の利用者に対する差別とか偏見を構造的になくしていくことが大切だと思います。

国は、全国の課長会議、係長会議でも国の責任をまったく言わずに、「そういう自治体があって、自治体は注意するように」というようなことを言っています。しかし国は、現象的なジャンパーではなくて、生活保護利用者に対する差別とか偏見がない生活保護行政、根本でいえば、生活保護法に則したきちんとした行政がおこなわれるように自治体を指導するべきです。

特に、対談の中でも述べましたが、国は生活保護を無駄に出してしまうということで濫給対策ばかりに熱心ですが、そうではなくて、漏給問題を重視

すべきです。ある研究者によれば生活保護対象者の8割ぐらいが生活保護から漏れていると言われています。こちらの政策をきちんとやらせることが大事です。

　最後に、藤藪さんとも一致するところですが、やはり生活保護現場とケースワーカーの質を上げていくこと、福祉専門職を柱にして質を上げていくことをきちんと保障させていくことです。

　あともう1つは、小田原市の今回の検討会は、元生活保護利用者の方、それから、生活保護ケースワーカー出身の弁護士の方が加わりました。そして、座長の井手英策先生も素晴らしい方でしたし、小田原市長も検討会をすぐに4回も開催するなど、熱心でした。検討会報告書も非常にいい中身でまとまりました。

　ただし、これは出発点なので、この検討会報告をぜひ小田原市で生かしていくとともに、全国の自治体に広げていく、全国の自治体の方たちもぜひ読んでいただいて生かしていただきたいです。私も全国公的扶助研究会という自主的な研究会の役員もしていますので、こちらの研究会としてもそれが広がるような運動をしていきたいと思っています。

　全国公的扶助研究会としては、2017年2月9日に会長声明を出しています。最後に、その声明の一部を紹介させていただきます。
「このようなジャンパー着用等がなぜ10年以上も続いたのか、その構造的な原因を明らかにすること、その際、利用者の意見を十分踏まえ、生活保護ケースワーカーの任用、配置、異動、研修等多角的な観点から、二度とこのような事件が起きないよう、全面的な検証を行うよう強く要請するものです。

　また、私たち全国公的扶助研究会として、憲法や生活保護法に則り、利用者本位の生活保護行政や、支援のあり方について、小田原市も含めた全国の皆さんとともに考え、さらに研究活動を強める決意を表明するものです」

　本日はありがとうございました。

（本稿は2017年5月7日の対談記録に加筆・修正したものです）

寄稿
1

小田原市生活保護問題について感じたこと、考えたこと

橋本真希子（生活保護利用者）

この報道に接したとき戦慄しました

　黒地に浮かび上がる黄色のエンブレム、その中には悪の一文字とローマ字で「保護なめるな」の文字。背面には一見よくわからない英語のロゴと文章。報道で知ったその内容は、驚くほど高圧的なものでした。

　最初にこの報道を見たとき、生活保護を利用するひとりとして、戦慄しました。もしこのジャンパーを着た職員が私の家に来たら、「おまえは不正受給をするクズか？　どうなんだ？」とずっと凄まれるようなものです。不正などしていないのにもかかわらず、ただ生活保護利用者というだけでそんな扱いを受けるのは悔しいけれど、反抗的な人物と判断されることを恐れて何も言えず、「早く帰ってほしい」とひたすら心の中で願ったと思います。また、たとえその言葉の意味はわからずとも、あの警戒の色彩の上着を揃いで着用している様を目にしたら、その異様さから漠然とした恐怖を覚えたかもしれません。

　しかし、次々と出てくる報道の中で、2007年に起きた傷害事件を機に、当時の職員が連帯感や結束を高めるためにこのジャンパーを作成したという話を知ったとき、自分たちの正当性や権威性を誇示する文言を身に付けることで結束していたということに、とても孤独で悲しい印象を持ちました。

　この人たちはなぜこの選択をし、さらに10年もの間それを選び続けてきたのか、それが気になりました。その理由が解明されない限り、同じ状況がある限り、同じことがまた起こるのではないか。そのときに再び傷つくのは、ただ小

田原市で生活保護を利用しながら暮らす人々です。

　問題の詳細が報道されていく中で、小田原市への苛烈な批判と不正受給の取り締まりへの賛美が入り乱れて世論が過熱し、その様子にうっすらと恐怖を感じながらも、誰かに責任を負わせてそれで解決、ということにはならないで、と祈るように思っていました。

　同じ職場の仲間が切り付けられるという凄惨な出来事が背景にあったことは、かなり早い段階から報道されていたと思います。その事件後、ジャンパーの作成だけではなく、警察OBを配置したり、サスマタ11本を購入していたということを知った時は、本当に怖かったんだろうなということが伝わってきました。しかし、どれも再度同じようなことが起きることを想定し、それに対処するためのものに思え、「生活保護受給者というものはナイフを振り回して来るぞ」と見られているようで、同じ立場のひとりとして、とても悲しくなりました。
　しかし同時に、なぜ事件が起こったのか、同じことが起きないようにするためにはどうしたらよいかという、再発を防止する選択ではなく、真っ先に自衛することを選び、自らを鼓舞する方向を選んだ、選ばざるを得なかったということに、目の前で経験した人にしか分からない恐怖と、自分たちだけで何とかするしかないという孤独など、とても追いつめられた様子を感じずにはいられませんでした。
　今回の問題が発覚してから設置された検討会の中で、この2007年の事件は、当時の職員の方々に制度の知識や理解があれば、あるいは法律家など専門家と連携できていれば、そもそも事件のきっかけとなった保護廃止という決定にはならなかったかもしれない、という意見が有識者の方から出たそうです。もしそうであったなら、加害者である利用者の方も事件を起こさずに済んでいたかもしれませんし、職員の皆さんも傷つくことはなかったのでしょう。

ケースワーカーの働きやすい職場に

　さらに検討会で提出された資料の中には、生活支援課と市役所全職員を対象にしたアンケートがありました。そこには、通常業務が忙しくて研修に参加で

きない、担当するケースが多くていつまでたっても仕事が終わらない、何も知識がないまま仕事にあたらなくてはならない、仕事に対してマイナスイメージしか持てないなど、職員の方々の悲痛な叫びのような回答が多数ありました。

　また、ケースワーカーの仕事は他の部署には理解されていないと感じているという回答が最も多く、役所全職員では大多数が生活支援課には配属されたくないと思っているという散々な結果もありました。ほかにも非常に率直な職員の皆さんの回答が出ており、疲弊する職員と庁舎内で孤立する生活支援課という、実際の姿が見えたこのアンケートは、とても大事なものだったと思います。

　私自身も、疲れた面持ちの担当ケースワーカーさんから、「自分は100件近くのケースを抱えている」と聞いたことが何度かありました。私ひとりの世帯だけでも、提出する書類や送付される書類などはかなりの量になります。国が定めた基準の80世帯だとしても、事務処理だけでとてつもない仕事量になりそうということは想像できます。それが100世帯にもなり、さらに一人ひとり丁寧なケースワークをするなんて、本当に現実に可能なのだろうかと疑問に思います。

　それでも、生活保護利用者の私にとっては、ケースワーカーによる制度の運用は直接生活に影響が出ますし、保護の廃止などは人生が左右されてしまいます。ですから、丁寧に公正に対応してほしいと心の底から思いながらも、ほんの一部でも過酷な労働の状況を実際に見ている身としては、それも難しいのかもしれないと思ってしまいます。

　今回の問題がなぜ起きたのか。それを探るうちに、職員の方々が孤立し疲弊する姿が明らかになり、苦悩する声が世に出ました。そこから、さまざまな改善策が提案され、すでに小田原市は動き始めています。私は、今後ケースワーカー、生活支援課職員の皆さんが抱える困難が改善され、その能力が発揮できる環境が整うことを心から願います。職員の皆さんが安心して働けることは、結果的に生活保護利用者の人びとが安心して生活できることにつながると思うからです。

　生活保護制度の現場という意味では、ケースワーカーも当事者です。しかし、もうひとりの当事者であり、今回の犠牲者である生活保護利用者の皆さんの姿

は未だに見えません。それは生活保護利用者がいかに声を挙げることが難しいかということの表れではないかと思います。世間からは「本当に生活に困っているのか」と疑惑と監視の目で見られています。

　そして、本来は生活を支援して一緒に困難を解決してくれるはずのケースワーカーは、同時に不正をしないかと常に疑う監視役であり、自分の人生の運命をも握っている絶対的な権力者でもあります。今回のような問題が起こっても、生活保護利用者は誰にも何も言えないというのは、おおげさなことではありません。

　そうしたなかで今回、検討会のメンバーに元生活保護利用者の方が採用されたこと、小田原市内の生活保護利用者へのアンケート調査がおこなわれることなど、声を挙げたくても挙げられない生活保護利用者の声を聞こうとする姿勢がはっきりと示されたことに、驚きとともに大きな期待を寄せています。

　「生活保護を利用することは、恩恵ではなく権利の行使である」と言いますが、当事者の声が反映されない制度は、恩恵の域を出ることはないと私は思います。生活保護を利用する人が本当はどんなことを思っているのか、何を切実に必要としているのか。ぜひ当事者のか細い声にも耳を傾けながら制度が運用されますよう、そして、それが小田原市だけではなく、私の地域にも全国にも広がっていくことを切望しています。

寄稿 2

背景にある生活保護バッシング

西田真季子（毎日新聞生活報道部記者）

感じられないケースワーカーのやりがい

　私は、ジャンパー作成が明らかになった後の1月、小田原市を訪れ、担当課長と入庁5年以内の若手ケースワーカー2人に話を聞きました。一番驚き、ショックを受けたのは、2人から聞いた仕事のやりがいに、ケースワークの喜びがなかったことです。

　これまでの取材や知人など、私の出会ってきたケースワーカーは対人援助という答えのない仕事に、大変さと同時に代え難いやりがいを語ってくれていたからです。同市の職員からは、「毎日違うことが起きることが楽しい」「仕事に就いて自立してくれた時がうれしい」など、あまり聞いたことがないやりがいに戸惑いを感じました。

　検討会でも指摘されたように「自立」の概念を狭くとらえると不全感につながります。研修による法律知識、対人援助スキルの積み上げが無ければ、援助できる幅が狭く、ケースワークの喜びは感じられないのだと気づきました。

　取材後、検討会を2回傍聴しました。残念だったのは、課長以外の職員が検討会に直接参加する機会がなかったことです。特に、ケースワーカー経験のある森川清委員、櫛部武俊委員からの指摘やアドバイスは、経験に即して「どうやったらできるか」を具体的に説明していました。出てきた議事録を文字で追うのではなく、生でやり取りを聞いてほしかったと思います。

　第3回の検討会では、職員からの改善方策案が出されました。私は一読して、

違和感を覚えました。「職員意識の向上」「窓口対応の見直し」「専門研修の拡充」、言葉は整っているのですが、利用者への具体的なケースワーク、対人援助職としての視点を感じなかったからです。

　ジャンパーが作られる契機となった2007年の切りつけ事件（生活保護を受給していた当時61歳の男性が福祉事務所の職員を切りつけた）でも、ケースワークの視点が欠けていたことが私には気になりました。法的な指摘は森川委員のされたとおりですが、加えて、男性がアパートで大家親族とトラブルを起こした際に、「この人には無料低額宿泊所での集団生活は難しいのではないか」という判断に至るべきだったと思うのです。

　男性は宿泊所との面接前日に福祉事務所へ電話し、「引っ越しの片付けができない、面倒だ。宿泊所に入居する気がなくなった」などを理由に面接を拒否することを伝えてきています。これは、彼なりの精いっぱいの集団生活への不安、拒否感の表現だったのでは、と思います。60代の男性が「集団生活が怖いんです」と言うのは大変な勇気がいることでしょうし、保護打ち切りがちらつき、言えなかった部分もあるでしょう。熟達したケースワーカーであれば言葉の裏の意味を読み取りますし、利用者と信頼関係が築けていれば率直に思いを打ち明けてもらえていたかもしれません。

　私が市に取材した際には、「連絡が取れなくなったので保護を打ち切った」と言われました。そこに、転居を拒否し、向こうからいなくなったのだから仕方がない、というニュアンスを感じました。

　ですが、報告書によると福祉事務所と音信不通になってから切りつけ事件を起こすまで、男性は「路上生活をしていた」と話していたそうです。路上生活で男性の命は失われていたかもしれません。命の危険を回避するためには、男性と連絡が取れなくなるということを避けなければいけなかった、そのためには男性と信頼関係を築かなければいけなかった。ケースワーカーという仕事の責任の重さと、本領はここにあると思います。具体策の詰まった報告書を実現していくには、職員に実感としてケースワークとは何かを知ってもらうことが不可欠だと思っています。

保護利用者への偏見

　もう一点、取材をして気に掛かったことがありました。ジャンパーを作った理由について、切りつけ事件で落ちたモチベーションを「小田原「市民」のために仕事をするとなると力を抜くことができない」と考え、「「市民」のために役立つこと＝不正受給を見つけること」という発想になったことです。

　取材の中で、若手職員に言われたことがあります。「ジャンパーの表現は過激だったし間違っていたけれど、不正受給は良くない」「不公正は許せない」と力を込め、私が割合としては低いことを指摘しても、「でも、2000万円以上あります」と言われました。

　うち1人は福祉職採用でしたが、「ジャンパーは不適切だったが、不正受給として挙がっているのは氷山の一角だと思います」と言葉を強めて言われたのです。私が取材に行ったのは、各メディアやインターネットなどで散々批判された後でしたから、彼ら（恐らく課全体）の中に作られている生活保護利用者像がいかにゆがんでいるかを感じました。

　それは、ケースワーカーだけの問題ではありません。先ほどの2人の職員に「利用者以外の市民に、お礼やねぎらいの言葉を掛けられたことはありますか？」と尋ねたところ、ないと言われ、逆に不正受給を疑った通報は頻繁にあるそうです（実際には不正受給ではない場合がほとんど）。

　貧困バッシング、生活保護バッシングは同市だけではなく、ここ数年の全国的な流れと重なります。

　2015年末、ひとり親家庭の貧困についての記事を毎日新聞に掲載しました。子ども2人を、非正規雇用で働きながら育てる女性に話を聞き、およその年収とともに記事を載せたところ、「貧困ではない」という投書が寄せられました。

　投書を受けて、ひとり親家庭に必要な支援について意見を募りました。経験者からの温かいご提案とともに、「教育費は学校のみで充分だ。勉強はやる気があるかないかで決まる。親が一緒にやる」「もっと大変な人がいると思うので、この記事の人は甘い」などの意見が寄せられました。

昨年夏にＮＨＫのニュース番組で、相対的貧困を訴えた神奈川県の女子高校生に対し、画面に映った持ち物の値段を挙げてバッシングが起こったことも同じ土壌にあります。自分より得をしている人が許せない、相手の事情を想像することへの寛容さがない風潮を感じます。「この人は貧困と言えるのか」「もっと頑張れるはず」、貧困関係の記事を載せると度々、こうした反応があります。この風潮が「生活保護利用者＝不正受給」といった誤った思い込みを利用者以外の人に助長し、職員は映し鏡のように引きずられてしまったと思います。

　５月19日掲載の毎日新聞「記者の目」でも書きましたが、検討会座長の井手英策慶応大学教授によると、事件後、市に届いた意見のうち、批判は1064件（54％）、職員を擁護するものが899件（46％）だったそうです。擁護する声は、「不正受給と闘う姿勢をよく示してくれた」などの意見でした。職員を擁護する市民の声には、今は生活保護を利用していない自分も、病気や失業などの予期せぬトラブルで、いつ受ける立場になるか分からないという視点がありません。生活保護を利用している人と自分たちを分断していることが、利用者の人権を傷つけたことを問題視するより、不正受給を取り締まることを重視する考え方につながっていると思います。

　こうした市民の声がある今、ケースワーカーが利用者の人権、命を守ることは、より難しくなっていると思います。解決策は一人ひとりの善意に任せるのではなく、組織的な対応だと思います。

　他部署も含めた積極的な研修をおこなう川崎市、査察指導員と管理職を全てケースワーカー経験者にしている堺市など、組織対応において先進的な自治体もあります。堺市は１人で家庭訪問をする職員に、直通で管理職につながる携帯電話を持たせるなど、威圧感を与えずに危機管理をしています。櫛部委員は北海道釧路市でのケースワーカー経験で、自立支援と同時に暴力には毅然とした対応で臨んだことを検討会で紹介しました。組織対応により、ケースワーク的視点と危機管理は両立できると思います。

　最後に。今回のジャンパー問題で福祉関係者に会う度に「小田原市は今回を機に、先進的な自治体になると思う」という声を聞きます。全国に注目されている小田原市、私も改善に期待を寄せて、結びとしたいと思います。

寄稿 3

「住まいは人権」が欠如した小田原市生活保護行政の問題点

稲葉　剛（住まいの貧困に取り組むネットワーク世話人）

傷害事件に至る対応の問題点

　2007年7月5日、小田原市の福祉事務所において、61歳の男性が杖やカッターで職員を負傷させ、逮捕されるという事件が発生しました。男性は前月まで生活保護を利用しており、居所不明で廃止になっていたものの、事件当日まで本人はそのことを知りませんでした。7月分の保護費が振り込まれていないことを知った男性が窓口を訪れ、保護廃止になったことを知らされて逆上し、暴力を振るうに至ったという経緯のようです。

　この事件は、小田原市の福祉事務所職員が「保護なめんな」ジャンパーを製作するきっかけになったと言われています。同僚が傷害事件の被害者になったことから、職場の結束を高めるためにジャンパーを作ることを思い立ったという説明がなされています。

　しかし、ジャンパー問題発覚を受けて開催された「生活保護行政のあり方検討会」では、そもそもこの傷害事件に至る福祉事務所の対応が適切であったのか、ということが、議論の俎上にあげられました。

　検討会の会合で小田原市から提出された資料によると、男性の保護廃止に至る経緯は以下のようにまとめられます。

・事件を起こした男性は、2005年2月21日から生活保護を利用していた。
・2007年6月15日にアパートの契約更新を迎えるにあたり、アパートを管理する不動産業者から、男性が大家の親族に暴力的行為をおこなったことを

理由に更新を拒絶された。
- ケースワーカーは、アパート退去後の新たな居所として、無料低額宿泊所への入所という方法があると提案。本人も宿泊所への入所に乗り気になったことから、アパートの契約更新日である6月15日、宿泊所を運営する法人と調整し、福祉事務所での面接の場を設定した。
- 6月14日、本人より電話が入り、宿泊所へ入所する気がなくなったので、面接を断ると言ってきた。ケースワーカーはなだめようとしたが、本人は暴言を吐いて電話を切ってしまった。翌15日、本人は来所しなかった。
- 6月15日以降、来所した7月5日までの本人の所在はわからなかったが、後に本人が語ったところによると、路上生活をしていたようである。
- 6月26日、所在不明のため、6月16日付けで保護廃止決定をおこなった。

検討会の会合では、森川清委員（弁護士）が中心となり、男性の生活保護廃止に至る経緯に問題があったのではないか、という指摘をおこないました。指摘は主に、以下の3点にわたっています。

- 大家から契約更新ができないと言われても、更新拒絶には借地借家法に定めた「正当事由」が必要であること。
- アパートを出ざるを得なくなっても次のアパートに移るための転宅一時金を支給することも可能であり、無料低額宿泊所への入所が安易に決められたのではないかという疑念があること。
- 所在不明という理由でもって生活保護を廃止することは許されず、1993年10月25日の柳園訴訟・京都地裁判決でも所在不明を理由とした保護廃止が違法であると認定されていること。

これらの指摘を受けて、検討会の報告書では当時の小田原市の対応の問題点を以下のようにまとめています。

「契約の更新拒絶には「正当事由」がいる。転居を要するときには転居費用を支給できるし、住所不定者に居宅保護ができないわけでもない。当時の保護係

にこうした知識、制度の理解があれば、必ずしも保護の廃止決定には至らなかった可能性がある。つまり事件を防ぐこともできたかもしれない」

 そのうえで報告書は、ケースワーカーに「生活保護制度や法的支援等の基礎的な知識の不足」という問題があると指摘しています。

賃貸トラブルに対するケースワーカーの対応

 生活保護のケースワーカーは、さまざまな背景を持つ生活保護利用者への相談援助をおこなうことを仕事としており、生活保護制度はもちろん、利用者が日常生活の中で直面する多様な問題の解決を手助けするため、幅広い法制度に精通している必要があります。

 しかし、私は民間の立場で生活保護利用者の支援をおこなうなかで、関連する法制度に詳しいケースワーカーが少ないこと、特に「住まい」に関わる分野の知識を持っているケースワーカーがほとんどいないことを痛感してきました。

 具体的には、生活保護利用者が賃貸トラブルに巻き込まれた際のケースワーカーの対応があります。

 例えば、「トイレなどの室内の設備が壊れており、賃貸契約上は大家に修繕義務があるにもかかわらず、大家が直してくれない」といった相談では、利用者がケースワーカーに言っても動いてくれないため、私が一緒に行政の消費者相談窓口まで同行したことが何度かあります。

 修繕問題自体は消費者相談員が大家に一本電話を入れることで、すぐに解決したのですが、私が疑問に感じたのはケースワーカーの対応でした。ご本人によると、何度もケースワーカーに相談したものの、「民間同士の契約には関知しない」と言われるだけで、自分で大家と交渉するように言われるだけだったと言います。

 また、大家から不当な立ち退き要求を受けた生活保護利用者を、住宅問題を専門とする法律家につなげたことも何度かありますが、これらのケースでもケースワーカーはほとんど対応してくれませんでした。ケースワーカー自身が借地借家法などの知識を持っていなくても、専門家の相談窓口へのつなぎや情報

提供はできるはずなのですが、残念ながら、利用者が住まいを維持できるために積極的に動く担当者はほとんどいませんでした。それどころか、賃貸トラブルにおいて、一方的に利用者側に問題があると決めつけたうえで、法律家が介入することを露骨に嫌がる担当者もいたほどです。

これらの経験から、小田原市の検討会報告書が指摘する「法的支援等の基礎的な知識の不足」は、小田原市のみならず他の自治体の生活保護行政にも共通している問題なのではないかと私は考えています。

居宅保護の原則が守られていない

「住まい」の問題に関する無理解は、ホームレスの人たちの対応にも現れています。

生活保護法は第30条1項で居宅保護の原則を定めており、同2項では、本人の意に反して施設入所を強制してはいけないことが定められています。

しかし、小田原市に限らず、多くの自治体で居宅保護の原則が守られていない実態があります。それはホームレス状態にある人に対する無料低額宿泊所への安易な誘導という形で現れています。

小田原市が策定している「ホームレス自立支援プログラム」では、「ホームレスの居宅設営に関する流れ」として、ホームレス状態にある人からの相談があった場合、無料低額宿泊所への入所を原則としています。そして、「原則6ヶ月間、経過観察し、本人が単身での居宅生活を希望した場合、ケース検討会議を開催し」、アパート入居の転宅一時金を支給するかどうか判断するとしています。また例外として、本人が無料低額宿泊所への入所を拒否した場合は、居住先が確保できる見通しがついてから保護の申請を受け付けるとしています。

これは原則と例外が転倒した運用であり、居住先が確保できる見通しがつくまで申請を受け付けないという対応は、違法な「水際作戦」にあたると言えます。

ホームレスの人たちに対して、まずは民間の宿泊所への入所を原則とするという対応と、アパートの更新を拒絶された男性を宿泊所に誘導するという対応には通底する問題があります。それは居宅保護の原則を理解していない、ある

いは原則を軽視しているという問題です。
　その背景には、福祉事務所に限らず、日本の福祉行政全体において、「住まいは基本的な人権である」という理念が定着していないという問題があると私は考えています。

　検討会の報告書は、今後、生活保護制度や法的支援の研修を強化し、外部の視点を取り入れて、学識経験者や法律家など専門の講師を招く機会を増やすことを提言しています。また、法的支援ではケースワーカーが「社会的弱者を保護する法制度の利用へのゲートキーパーの役割をしていくことが重要」と強調しました。
　小田原市をはじめとする各地の福祉事務所が、「住まいは基本的な人権」であるという理念に立った相談援助を利用者に対しておこなうよう、働きかけを続けていきたいと思います。

寄稿 4

変わり始めた小田原市

雨宮　処凛（作家）

小田原市に申し入れに行ったときのこと

　小田原でジャンパー問題が発覚してから約4か月後の5月28日、ある集会に、小田原市の職員（生活保護の部署ではない）が来ていた。
　その集会とは、私や宇都宮健児氏が共同代表をつとめる「公正な税制を求める市民連絡会」の2周年集会。記念講演をしてくれたのは経済学者の井手英策氏で、井手氏はその職員・Kさんのことを、懇親会の席でみんなに「彼はスーパースターですよ！」と紹介した。
　なぜ、「スーパースター」なのか。それは「ジャンパー問題」発覚後の小田原市で検討会が設置されたことに端を発する。井手氏が座長をつとめる検討会にて、市の情報公開に尽力したのが企画政策課のK氏だったという。

　1月に発覚した「保護なめんな」ジャンパー問題は、この国に根深く存在する生活困窮者・生活保護利用者への「差別」を、嫌というほど白日のもとに晒すものだった。
　中でもショックだったのは、記者会見で小田原市の職員が、生活保護の仕事を「誰もやりたがらない、人気のない仕事」と断言したことである。
　貧困問題に10年以上関わる私の周りには、現役のケースワーカーや元ケースワーカーなど、生活保護の現場で奮闘してきた人たちがいる。彼ら彼女らの熱意、そして「自分たちが最後のセーフティネットを支えているのだ」という自負と誇り、また、一人ひとりと丁寧に向き合う姿勢などを日々見ている私は、

「生活保護の仕事って、大変だけどものすごくやりがいのある仕事なんだ」と常々思い、プロとしての彼ら彼女らに尊敬の念を抱いていた。しかし、そうやって利用者に優しいまなざしを向け、伴走するように支援する職員がいる一方で、小田原市の職員は「ジャンパー問題について謝罪する記者会見の場」で「誰もやりたがらない仕事」と公言してしまうのだ。

　会見を見ながら、小田原で生活保護を受けている人がこの言葉を聞いたらどんな気持ちになるだろう、と目の前が暗くなっていった。

　そんな会見から1週間後の1月24日、私も会員である「生活保護問題対策全国会議」のメンバー7人で公開質問状を携え、小田原市に申し入れに行った。
　職員たちはジャンパー問題について「反省の極み」「お詫びするしかない」と口にし、10年前の「事件」（生活保護を廃止された男性が職員を切りつけた事件）の経緯を説明した。意見交換は1時間にわたって続いたものの、「どこまで問題の本質が伝わっているのだろう？」と不安になる瞬間もあった。それは、どうやって差別意識をなくしていくかという話をしている時。メンバーの一人が「生活保護利用者を呼び捨てにしていないですか」と聞いた。
「例えば『鈴木がこんなこと言ってきた』とか『あいつ、またこんなことやりやがって』とか。職員の間で普段そんなやり取りになっていないですよね？　ちゃんと『さん』付けで呼んでらっしゃいますよね？」
　その質問への市の職員の回答に、思わず椅子からずり落ちそうになった。
「いや、あんまりそんな大きな声でやり取りしないので。他の人には聞こえないので」
　周りに聞こえる聞こえないとかじゃなく、普段から職員の間で利用者を呼び捨てにするようなことが「差別意識のあらわれ」だから、そういうことはないですよね？　と質問したのに、この回答なのである。
　ジャンパー問題についてはすごい平謝りしてるけど、大丈夫かな…？
　それが、申し入れに行った率直な感想だった。

　しかし、それから小田原市は確実に変わっていった。
　すぐに事実解明と再発防止のための検討会が設置されたのだが、メンバーが

すごかったのだ。

　先に書いたように、座長は井手英策氏。そして委員には元生活保護利用者の和久井みちる氏や、元ケースワーカーの櫛部武俊氏、そして首都圏生活保護支援法律家ネットワークの森川清弁護士など、「生活困窮者の味方」と呼びたくなる面々が就任したのである。

　これは、本気で変わろうとしている…。

　3月4日、小田原市役所で開催された2回目の検討会を傍聴して、その思いはますます強くなった。

　市にとっては耳の痛い意見が委員から次々と飛び出る検討会。10年前の事件後、生活保護の部署では「サスマタ」と「護身用スプレー」が購入されたことが明らかにされれば、櫛部氏が、暴力に対して必要なのは武器ではなく、職員同士が助け合い、組織で対応することの重要性を指摘。また、和久井氏は小田原市の『保護のしおり』（利用者や相談に来た人に渡されるしおり）が「今まで見た中で一番厳しく、かつ分かりにくい」ことを指摘した。

　役所の専門用語が並び、保護を利用するデメリットが強調され、申請に尻込みしかねない記述が続くしおりについて、和久井氏は言った。

「非常に苦しんで、困って困って辿り着いた市民の方に、「もう大丈夫ですよ、私たち小田原市役所のケースワーカーがあなたを応援しますよ」っていうメッセージがどこからも伝わってこないんですね。正直、私はこれを拝見した時に涙が出そうになりました。私が本当に困った時にこれを受け取ったら、「もういいや」って思ってしまうんじゃないかって」

　そんな検討会は4度開催され、4月、報告書がまとめられた。率直に自分たちの非を認め、事実を検証し、具体的な改善策を盛り込んだ報告書の評価は高く、また、小田原市の『保護のしおり』も改訂された。以前と比べて格段に分かりやすく、すべての漢字にルビがふられたしおりを見て、なんだか胸が熱くなった。

優れた野洲市の事例

　さて、ここで改めて強調しておきたいのは、ジャンパー問題＝生活保護利用者への差別・偏見という問題は、何も小田原市だけの話ではないということだ。

　申し入れに行った際、元ケースワーカーの田川英信氏は、ジャンパー問題について「どこで起きてもおかしくない」と指摘した。

　この問題を受け、他の自治体の人に意見を聞いたところ、「うちの職場で起きてもおかしくない」「自分が小田原の職員だったらジャンパーを着ることを拒否できただろうか」という声が挙がったのだと言う。それだけではない。「見えないジャンパー」を着て、利用者に高圧的な態度で接するなどは、どこの自治体で起きてもおかしくないという率直な意見を田川氏は述べた。

　その背景には、現場のオーバーワークという問題があることは言うまでもない。

　生活保護利用者は増え続けているのに、増員されない職員。本来であれば1人あたり80ケースの担当が基準なのに、100を超えるケースを担当している職員がザラに存在するという状況。この点は、小田原市も例外ではなかった。

　そんな中、とにかく利用する人を1人でも減らしたいと思うようになれば、申請に来た人を窓口で追い返す「水際作戦」が横行するだろうし、「利用者を何人自立させるように」なんて数値目標があれば、厳しすぎる就労指導や「打ち切り」への誘惑にもかられるだろう。決して許されることではないが、現場が仕事の多さに悲鳴を上げていることもまた事実である。

　ジャンパー事件のようなことが起きないためには、まずは国がちゃんと職員を増員して、現場のオーバーワークに対応すべきなのである。そのうえで、「生活保護とは」「ソーシャルワークとは」というきめ細かい研修が不可欠だと思うのだ。

　そうして困窮者に寄り添う支援が実現すれば、結果的には本人にとっても自治体にとってもいいことだらけなのである。

　例えば、滋賀県野洲市の市長は、税金滞納を「貴重なSOS」と語り、「ようこ

そ滞納いただきました」と言う。

　税金を滞納する人は、国保料や社会保険料も納めていないことが多い。生活に困っていると感じたら、野洲市ではそれぞれの課が連携して市民生活相談課に案内しているのだと言う。そうして生活を立て直す支援をする。水道料金や保育料、給食費の滞納があった場合も把握する。そんなふうに市民の「困窮サイン」にいち早く気づいておけば、支援も早くできる。そうすることで、結果的にコストがかからない。早い支援が確実な納税につながる。

　生活保護の水際作戦がまかり通り、時々餓死者や自殺者が出る自治体と、やむを得ず税金を滞納してしまったら「ようこそ滞納いただきました」という言葉がかけられ、支援につながる自治体。あなただったらどっちに住みたいだろうか。

　ジャンパー事件をきっかけに、多くの批判を受け止め、変わり始めた小田原市。
　それにしても、問題発覚からわずか4か月で、小田原市の職員が私たちの集会に顔を出すとは、想像してもいなかった。
　1月、私たちは抗議の意思を持って小田原市に申し入れをおこなった。小田原市は、全国からの批判の声を受け止め、変わり始めた。
　小田原市の職員だけでなく、全国の生活保護に関わる自治体職員には、ぜひ、当事者、そして支援者の生の声に触れてほしい。
「誰もやりたがらない仕事」なんかではなく、命の砦を守る、誇るべき尊い仕事であるというプライドを持ってほしい。そして私たちも、生活保護の現場の声にもっともっと耳を澄ましたい。
　生活保護行政を、より良いものにしていきたい。
　その一点では、私たちの思いはまったく一致しているのだから。

終章 あとがきに代えて

小田原市「生活保護行政のあり方検討会報告書」を片手に、利用者と「ともに命を輝かす」ケースワーカーに

吉永　純

> **筆者略歴**　花園大学教授（公的扶助論）、元京都市職員（生活保護ケースワーカー 12年半、ホームレス支援など）。全国公的扶助研究会会長、生活保護問題対策全国会議幹事。『生活保護の争点』（2011年、高菅出版）、『生活保護「改革」と生存権の保障』（2015年、明石書店）他。

　本書で検討された小田原市ジャンパー事件（以下、「小田原事件」）については、比較的ベテランの福祉関係者からは、「福祉川柳事件を思い出した」という反応がありました。また、福祉事務所へ生活保護の申請援助などをおこなっている支援者からは、「ジャンパーを着てはいないが、小田原と同じようなケースワーカーが全国にたくさんいる」という感想が聞かれました。さらに、個人的には、ケースワーカーという、本来利用者を支援することを責務とする福祉の従事者が、利用者を蔑視し権利を侵害する事件を起こしたことから、同じく福祉施設の元職員が施設入所中の重度障害者19人を殺害するという凶行に及んだ相模原障害者殺傷事件が重なって見え、今回の事件に対しては、生半可な対応では将来に禍根を残すという思いを強くしました。

　小田原市当局の事件後の対応は、保護利用者への単なる謝罪にとどまらず、元保護利用者や元ケースワーカーの弁護士を委員にした検討委員会において、なぜこのような事件が発生したかをケースワーカーの専門性、職場状況、さらに市役所内部における生活保護担当部門への評価まで掘り下げて検討し、画期

的な「生活保護行政のありかた検討会報告書」(以下「本報告書」。本書1章末尾に全文所載)となって結実しました。市当局のこの事件の解決に向けた決意と努力は並々ならぬものがあり、心から敬意を表したいと思います。

　私は、このような問題認識を踏まえ、この終章では、福祉川柳事件や本報告書の検討を通じて、生活保護ケースワーカーが、なぜ、利用者蔑視という「陥穽」に陥るのか、その要因を探り、そうした「わな」に陥らないために何が必要かを明らかにしたいと思います。その際、生活保護ケースワーカーが、「いのちの重み」を背負っていること、そして、保護利用者と「ともに命を輝かす」ことが支援の目標となること、その実現のためには、本報告書が貴重な手掛かりとなることを示したいと思います*1。

1　福祉川柳事件*2

事件の概要

　福祉川柳事件とは、全国公的扶助研究会の前身である公的扶助研究全国連絡会(以下、連絡会時代も含め両会を「公扶研」)の機関誌『公的扶助研究』(1993年3・4月号)に掲載された「第1回川柳大賞」の記事中に、「ケース(生活保護利用者)の死、笑い飛ばして後始末」など、障害者や保護利用者を侮蔑、冷笑した川柳が多数掲載され、障害者団体をはじめ福祉関係団体から抗議が殺到した事件です。この事件の責任をとって、連絡会の事務局長と機関誌編集長は退任し、その後約2年にわたり、機関誌は休刊となり、それまで毎年開催されてきた全国セミナーも休止を余儀なくされました。公扶研は関係諸団体に謝罪するとともに、生存権を守ることを目標にしてきた公扶研の機関誌に、なぜ全く反対の趣旨の川柳が載ってしまったのか真摯に総括をしました。

　公扶研は、事件の原因が、①公扶研自身が保護「適正化」(という名の国の締め付け路線)の波にのまれてしまったこと、②機関誌の編集が集団的におこなわれず、特定の個人任せになっていたこと、③公扶研の運営が民主的、集団的になされていなかったこと、などにあったことを明らかにしました。こうした総

括を経て、1995年3月に研究会の再建総会が開催され、研究会の個人会員制への移行などの組織整備などをおこない、同年秋に全国セミナーが再開されるなど活動は正常化され、今日に至っています。

事件の要因

公扶研は自主的研究会ですから、行政自らが起こした小田原事件とは性格と重みが異なります。しかし本来、利用者本位の支援をすべきケースワーカーが、研究会の機関誌の場であれ、直接の行政現場であれ、利用者をあからさまに蔑視するという、あってはならない行為を犯してしまったことに変わりありません。そこで、両事件の背景、要因、改善策について、どのように総括されているかを確認したいと思います。

公扶研は、川柳事件の背景について、前項の①の総括をしているのですが、さらに詳述すると、第1に、1981年以降、いわゆる123号通知に端を発した、保護の「適正化」政策が仕事のマニュアル化と権利性の歪曲化をもたらしたことを挙げています[*3]。つまり、国の補助金カットによる財政的締め付けや[*4]、就労「指導」、扶養義務調査の強化によって、ケースワーカーの仕事が生存権保障という市民の権利保障から、「適正化」に基づくマニュアル的な仕事に変質してきたということです。

第2に、当時の「一億総中流化」によるケースワーカーの意識の変化が挙げられています[*5]。すなわち、「一億総中流化」により、貧困は社会の一部の問題であって、また貧困の原因は社会にあるのではなく、「貧困を個々の人間の人格的な問題としてみるような風潮」が生み出され、「被保護者を何か人間的に問題のある者であるかのような意識」をケースワーカーに植えつけ、その結果、「生活実態への共感よりも、むしろ不正受給の有無にその目が向けられる結果をもたらし」、福祉事務所は、「不正受給監督事務所」となり、ケースワーカーは「不正受給調査官化」しているとみています[*6]。

さらに本来、「福祉労働には、人間に対する深い人権感覚と専門性が求められ、同時に貧困が決して個人的な問題ではなく、社会的矛盾の産物として存在するという社会科学的認識が根底になくてはならない」が、それが十分でない職場状況の中では、「何でこんな大変な仕事をしなくてはならないのか」「早く今の

職場を離れたい」等々のワーカーが増大し、生活保護の仕事が「保護受給者の人権を守る大切な仕事よりも、ワーカー自身が被害者意識を持ち、相手の立場を考える余裕すら失った」と分析しています。こうした現場の状況は、自治体における福祉労働の専門性軽視であると評価しています*7。

小田原市事件との相似

時代の相違はあるとしても、ケースワーカーの「不正受給調査官化」という実態や、ワーカー自身が「被害者意識」にとらわれ、相手の立場を考える余裕が失われていたという心理状態は、後述のように、小田原市のケースワーカーが陥っていた状況そのものです。川柳事件は1993年でしたから、小田原事件の23年前です。この間、ケースワーカーの置かれている状況には大きな変化がなかったことになり、病根の根深さを物語っているとも言えるでしょう。

2 小田原市事件についての報告書

同報告書の中で、ケースワークに関わる限りで、重要と思われる点をあらためてピックアップしてみましょう。

基本的な認識

まず、「困窮する可能性はすべての人が持っており、そのときに必要な支援を得られるセーフティーネット」（報告書9頁、以下同じく報告書の頁数。報告書全文は本書1章の末尾に収録されていますので、ご参照ください）が生活保護であるという、今日の貧困の拡大と生活保護の役割についての正当な認識が前提となっています。

そして、「今回の犠牲者は、不正をまったく行っていないにもかかわらず、長時間にわたってジャンパーを着た職員の訪問を受け、屈辱的な思いをした生活保護利用者だった。彼らの声なき声に耳を澄ますこと。市職員の行為を安易に正当化しないこと」（2頁）という、検討会の基本的なスタンスが、利用者を中心に考える、利用者本位にあることが明言されます。

ケースワーカーが、このようなジャンパーを着用した理由は、「内部的結束を高めるため」（5頁）であり、「「自立」目標の難しさから、不正「摘発」を代替目標に据えたのではないか」（5頁）と指摘しています。また、ケースワーカーの職務を、「まず不正受給を疑うところから業務が始まっている空気がある。これは、困難をかかえ、社会の偏見の中で生きている当事者にとって、表現しがたい悲しみを生む」（5頁）との認識が示されます。まさしく、川柳事件における、ケースワーカーの「不正受給調査官化」と重なる指摘です。

また、「生活保護利用者から見ればケースワーカーは絶対権力者であり、一対一の関係の中で、言いたいことがうまく伝えられない、説明がわからない状況でも判断を迫られるという怖さがある」（6－7頁）とし、生活保護ケースワークにおける、ケースワーカーと利用者との力関係の格差を鋭く指摘しています。

問題点

まず、現場の問題点としては、「生活保護制度や法的支援等の基礎的な知識の不足」（7頁）、「組織的な孤立感、自己完結感」（同）があり、今後は「ケースワーカーの本来の業務に立ち返り、生活保護利用者の声に耳を傾け、その業務が対人支援であることを再認識できるようにすること、支援の専門性を高めることが必要」（7－8頁）とされます。

また、市役所全体の問題点としては、生活保護行政への関心と理解が低く、「ケースワーカーの標準数が充足されていないこと」、「新採用職員や男性職員に職員配置が偏在していること」（8頁）につながっているとされます。このような状況は、組織の中で「ケースワーカーも犠牲者であった」（10頁）という認識につながります。

改善策の提案

これらの認識を踏まえて、「専門性を高める研修や連携による学びの場の質的転換」（10頁）や、「利用者の視点に立った生活保護業務の見直し」（11頁）と画期的な提案が続き、具体的には「当事者の声を聴く機会を設ける」（同）、「保護のしおりの見直し」（同）＊8、保護申請後の決定期間（14日）の遵守（12頁）、「母子家庭への厳格な審査、辞退廃止の多さ、扶養義務者の調査の厳しさ」（同）に

ついての問題意識が示されます。これらの指摘は、当事者の声を聴くことなど、行政の文書として初めてのことと思われ、指摘も具体的です。

3 両事件の検討からの学び

画期的な本報告書

　これまで、両事件についての検討文書をかいつまんで見てきましたが、本報告書はいくつかの点で生活保護に関わる行政文書では注目すべき内容となっています。

　23年前の川柳事件の時との社会情勢の大きな相違は、格差と貧困の拡大です。それを踏まえて、誰もが貧困に陥る可能性があるという認識の下、市民への暖かいまなざしとケースワーカーを単純に悪者にして済まさないスタンスが徹底されています。改善策としても、当事者の声を聞く場を設けることなど重要な提案がされています。また、用語としても、行政文書として、保護受給者を「利用者」と呼んだのは初めてと思われます。川柳事件の時は、公扶研の文書でさえ「被保護者」という受身的な用語が使用されていました。

本報告書の課題

　ただ、本報告書が不正受給について、保護利用者の権利を守ることと並列的に位置付けていることは若干疑問が残ります（2頁）。不正受給は、金額ベースでは、ほぼ0.5％、世帯数でも2〜3％のレベルです。一部の悪質な不正受給に対しては厳正に対処することは当然ですが、必要以上に問題にすべきではありません。おそらく、報告書は、そのことは承知のうえで、本事件について全国から寄せられた意見の、「内訳は批判と擁護が半々」（9頁）であり、「小田原市民からの意見もほぼ同様に意見が割れている」（同）世間の反応を考慮し、「生活保護をめぐる深い社会的な分断が全国にあ」（同）ることを意識したものと思われます。これらの結果、「ケースワーカーは信頼と不信のはざまで揺れ動いている」（13頁）とみています。

　また、厚労省による保護の適正化（という名の締め付け）路線への批判的な視

点が弱いことです。国は、市民からの長年の批判や裁判での敗訴の影響から、監査で保護申請権の尊重についてチェックするようにはなってきましたが、資産申告書の年1回提出、就労指導の強化、63条返還による自立控除の制限、78条などの厳格適用、63条、78条の債権管理の強化等々が続々と実施されています。これらの方針が、生活保護現場において、支援の視点を弱め、保護利用者を「疑う」視点の強化に結び付くことは明らかです。

生活保護ケースワークの特徴を踏まえた改善の必要性

本報告書は、保護利用者から見れば「生活保護ケースワーカーは絶対権力者」という力関係の格差を鋭く指摘しました。この点は、福祉川柳事件の総括では示されていません。しかし、この構造的な問題点を解決することなしには、本報告書のめざすものも十分には達成されない恐れがあると思われます。

ア．生活保護ケースワークの特徴① ―「絶対権力者」

まず、生活保護ケースワーカーの権限の大きさです。生活保護ケースワーカーは、保護費をはじめ、保護の様々な給付決定権限を背景にしながら、利用者を援助しますから、利用者が「生活保護のケースワーカーに自分たちの生活は握られている」と感じても不思議ではありません。また、生活保護制度が複雑で、一般的にはそれらの知識に乏しい利用者から見ると、ケースワーカーの援助がたとえおかしいと感じても、不服を言うことなくあきらめてしまう場合も少なくありません。

本事件においても、(ケースワーカーが絶対権力者であることから)「ジャンパーの不適切さを利用者が指摘できないのは当然であり、ケースワーカーが権力者であるという視点が欠けていたからジャンパー着用が継続した」と考えられます（7頁）。

従って、生活保護ケースワーカーが、「力関係」と「情報」において、利用者の間には大きな優位性、格差があるということを認識せずに仕事をすれば、「従順な」保護利用者には、ケースワーカーの指導をよく理解してもらっていると誤解し、そうでない利用者は、「なぜ従わないのか。ケースワーカーの指示に従って当たり前だ」という傲慢な意識に陥り、「指示に従わない保護利用

者の側に問題がある」と錯覚してしまうことになるでしょう。

　こうした事態を防ぐには、生活保護ケースワーカーが、生活保護ケースワークの特徴を自覚し、自戒したうえでの支援が求められます。また、報告書が提案するように、当事者の声を聞くことも欠かせません。さらに、利用者とケースワーカーの力関係のギャップを埋めるために、利用者がケースワーカーとの関係で何か困ったときに、気軽に相談でき、関係行政機関に対して調査権限があり、勧告権を持つ「福祉オンブズマン」のような制度を作る必要があると思われます＊9。

イ．生活保護ケースワークの特徴② ―保護利用者の人生を左右する

　生活保護ケースワークは、利用者の生活や人生への介入度が強いという特徴があります。ケースワーカーは利用者の経済的な生活については丸ごと把握していますし、血縁関係や仕事先なども基本的にはすべて把握しています。前述の権限の強さとあいまって、このようなケースワーカーの一言は、良くも悪くも、利用者に絶大な影響を与えます。ケースワーカーが不適切な支援をおこなうと、利用者の人生に重大なダメージを与えかねません。特に、生活保護に関する政策動向は、前述のように管理的、指導指示型のやり方が強まっています。そうした仕事が増えれば増えるほど、利用者の生活をしっかり把握し支援することから離れ、前述①の生活保護ケースワークの特徴が権力的な指示を強める方向に作用してしまう危険性があると言えます。

　しかし、介入度の強い生活保護ケースワークの特徴を、利用者の同意のもとで、その支援に活かすならば、保護世帯の生活は大きく改善され、自立に向かっての歩みも確かなものとなるでしょう（この場合の自立が経済的な自立にとどまらないことは言うまでもありません）＊10。そして、こうした支援を保障するためには、ソーシャルワークの諸原則が守られねばならないことは当然として、さらに、同報告書が指摘するように、ケースワーカーに対する研修、任用、異動などにおける専門性の確保が進められなければなりません。

おわりに

　いずれにしても、本報告書が、これまでの我が国における生活保護行政において、画期をなす文書であることに間違いありません。
　公扶研は、1981年に『いのちの重みを背負って』という、全国の優れた生活保護実践を収録した現業員白書を発刊しました。また、1986年の全国セミナー（京都市）において、現役のケースワーカーによる演劇である『ともに命を輝かすために』を基調公演として披露しました。
　このように、私たちケースワーカーの仕事は、利用者のかけがえのない命を背負っています。また、生活保護ケースワークは、支援によって、利用者の命を輝かすとともに、それを通じて私たちの命も輝く、共同の実践なのです*11。
　こうした私たちの実践がめざすものは、本報告書のめざすものと重なり、新たな生活保護ケースワークの地平を切り開くものと思います。
　相模原障害者殺傷事件は、私たちに、福祉の仕事のあり方や、福祉における人権をどうやって守るのかを根底から問うものでした。そして、福祉川柳事件、小田原事件、相模原障害者殺傷事件が共通して問うものは、かけがえのない「いのちの重み」であり、「ともに命を輝かす」福祉実践の創造ではないでしょうか。そしてこれらを通じて、福祉における人権を守り発展させることが今ほど求められている時はないと思います。

*1　全国公的扶助研究会は、2017年2月19日に、小田原事件について、「小田原市における生活保護担当職員による不適切なジャンパーの着用等に対する会長声明」で見解を示しています。『季刊公的扶助研究』No.245、2017年4月、41頁。
*2　以下の記述は、『隔月刊公的扶助研究』第4号、1995年1月掲載の、公扶研あり方検討委員会「公扶研活動のあり方について（提言）－公的扶助研究全国連絡会の再建をめざして－」、「「福祉川柳」問題の総括と公的扶助研究全国連絡会再建の基調（素案）」に基づく。
*3　123号通知とは、昭和56年11月17日社保第123号厚生省社会局保護課長・監

査指導課長通知「生活保護の適正実施について」のこと。この通知により、保護申請時に、包括同意書（金融機関等調査先を特定しない一括同意書）、資産申告書などの提出が事実上義務付けられた。この通知は申請時に特定の書類などを要求していない法7条に反すること、また「必要があるとき」にしか調査できないとされている法29条に反するなど違法の疑いがあった。また、この通知によりケースワーカーは保護申請者をまず疑ってかかる意識に傾くことになった。

＊4　補助金カットとは、1984年度まで生活保護費の国庫負担率は8割だったところ、1985年度から1987年度まで暫定的に7割に減額され、1988年度からは7.5割となり現在に至っている。自治体からすると、国が7割負担になると、それまでの2割が3割に負担額は一挙に1.5倍となる。国の負担率7.5割でも、自治体負担は1.25倍となる。自治体の負担が増えれば、自治体財政は圧迫され、生活保護行政が保護の抑制に傾く要因となる。

＊5　「一億総中流化」とは、大多数の日本人が、自分は中流階級に属すると考えていること。旧総理府などが実施した「国民生活に関する世論調査」で昭和40年代以降、自分の生活水準を「中の中」とする回答が最も多く、「上」または「下」とする回答が合計で1割未満だったことなどが根拠とされる（デジタル大辞泉）。しかし、バブル崩壊後、現在まで格差の拡大が指摘されており、現在は使われない。

＊6　『隔月刊公的扶助研究』第4号、4頁。

＊7　『隔月刊公的扶助研究』第4号、5頁。

＊8　『保護のしおり』はすでに改善されており、高く評価されている（本書2章末尾に『保護のしおり』全文収録）。

＊9　2007年時点で、福祉オンブズマンは、東京都大田区をはじめ全国で21自治体に設置されている。高山由美子（2007）「自治体における福祉オンブズマン制度の機能と課題」、ルーテル学院研究紀要、No.41、23－29頁。

＊10　例えば、大学進学を希望していた、ある生活保護世帯の高校3年生が、「生活保護受給者という立場で大学進学をOKされるかどうか全く分からない恐怖の中」、ケースワーカーに相談したところ、ケースワーカーから「今はみんな大学に行っている時代だから、ぜひ行った方がいいよ」と励まされ、「夜学であれば、生活保護を受給しながらでも世帯分離をしないまま通うことができる」と助言された。このアドバイスにより、この高校生は夜間の大学に通うことができた。岸野秀昭「私から見た生活保護」、『季刊公的扶助研究』No.237、2015－4月、

22頁。
* 11　ともに命を輝かすことは、もともと個人の能力が相互的、共同のものであることに由来する。そして、ともに命を輝かすと言っても、具体的な実践的確信がなければ、抽象的なスローガンで終わるであろう。能力の共同性については、竹内章郎・吉崎祥司（2017）『社会権』、大月書店、293頁（竹内執筆）。具体的な実践例としては、同書、294頁。高谷清（2011）『重い障害を生きるということ』、岩波新書、93－94頁、97頁などを参照されたい。

生活保護問題対策全国会議

生活保護問題対策全国会議は、すべての人の健康で文化的な生活を保障するため、貧困の実態を明らかにし、福祉事務所の窓口規制をはじめとする生活保護制度の違法な運用を是正するとともに、生活保護法をはじめとする社会保障制度の整備・充実を図ることを目的として、2007年6月に設立された団体です。法律家・実務家・支援者・当事者などで構成されています。

「生活保護なめんな」ジャンパー事件から考える

2017年7月20日　第1刷

編　者　生活保護問題対策全国会議
著　者　尾藤廣喜　小久保哲郎　田川英信
　　　　渡辺潤　藤藪貴治　橋本真希子
　　　　西田真季子　稲葉剛　雨宮処凛
　　　　吉永純（掲載順）

発行者　久保 則之

発行所　あけび書房株式会社
　　　　〒102-0073　東京都千代田区九段北1-9-5
　　　　☎ 03.3234.2571　Fax 03.3234.2609
　　　　akebi@s.email.ne.jp　http://www.akebi.co.jp
　　　　組版／アテネ社　印刷・製本／中央精版印刷

ISBN978-4-87154-152-7

あけび書房の好評既刊本　表示価格は本体

崖っぷちのあなた！　死んだらダメです。
生活保護で生きちゃおう！
雨宮処凛・和久井みちる／文　さいきまこ／漫画　生活保護の利用の仕方も漫画などで分かりやすく解説。相談窓口一覧付。「生活保護を利用して良かった！」など、利用者の座談会も感動です。　1200円

憲法25条実現のためのAtoZ
「改正」生活保護法　新版・権利としての生活保護法
森川清著　生活保護法はどう変わったのか、逐条的に分かりやすく解説。権利と救済のための実務書決定版。判例・事例満載。高評を博した前書の全面改訂版。著者は元ケースワーカーで現弁護士。　2300円

いま、改めて「朝日訴訟＝人間裁判」から学ぶ
朝日訴訟から生存権裁判へ
生存権裁判を支援する全国連絡会編　生活保護基準の引き下げに対し、生活保護利用者1万人余もが不服審査請求を起こした。憲法25条の実現を問う闘いの意義を、朝日訴訟を踏まえ解明する。　800円

正確な議論のための話題の書
生活保護削減のための物価偽装を糾す！
白井康彦／著　森永卓郎＆白井康彦／対談　物価指数を偽装までして生活保護費を大幅削減する厚労省。その驚くべきごまかしの手口を経済アナリストと新聞記者が丁寧に暴きます。渾身の書。1400円

ホッとできるエッセイ集です
生きづらい世を生き抜く作法
雨宮処凛著　社会と政治を見つめながら、しかし肩の力を抜いて今の時代をどう生きたらいいのか。「あなたの違和感ややるせなさに効く言葉がきっとあります」と著者は優しく語ります。　1500円

奨学金という名の貧困ビジネス
日本の奨学金はこれでいいのか！
奨学金問題対策全国会議編　返済に苦しむ若者が急増。日本の奨学金は「サラ金よりアコギ」「学生ローン」と言われるまでになった。ひどすぎる実態を告発し、その元凶、改善策を解明する。　1600円